Paride Rugafiori

Imprenditori e manager nella storia d'Italia

Editori Laterza

Prima edizione 1999

Finito di stampare
nel maggio 1999
Poligrafico Dehoniano -
Stabilimento di Bari
per conto della
Gius. Laterza & Figli Spa
CL 20-5800-6
ISBN 88-420-5800-9

Imprenditori e manager nella storia d'Italia

Alle origini dell'industria

1. *Nell'Italia preunitaria*

Un'economia – e una società – industriale si costruisce molto lentamente in Italia a partire dagli anni venti e trenta dell'Ottocento, quando le prime esperienze imprenditoriali capitalistiche legate all'introduzione di macchine e all'avvio del sistema di fabbrica si localizzano con una concentrazione territoriale via via più intensa e per aree definite.

Vari insediamenti industriali sono infatti già riconoscibili all'Unità in un'area geografica alquanto ristretta, in Liguria e nella Padania pedemontana – Piemonte, Lombardia e qualche zona del Veneto – dove si formano imprenditori autoctoni a fianco di un'ampia schiera di imprenditori stranieri. Operano in contesti diversi e misti, tra agricoltura avanzata e povera, attività artigianali e commerciali su piccola e grande scala, manifatture rurali e lavoro a domicilio, laboratori artigianali, modesti opifici e primi stabilimenti meccanizzati, e sfruttano gli impulsi dinamici innescati dal processo di industrializzazione inglese in termini di stimoli politico-culturali e di forte aumento della domanda estera soprattutto tessile.

Le nuove e crescenti iniziative imprenditoriali sono innescate dalle aspettative di profitto fondate sull'attivazione della fabbrica accentrata e meccanizzata con basso costo della manodopera a fronte delle difficoltà nel coordinamento e nel controllo del lavoro della famiglia contadina sulla cui pluriattività – e sull'intervento del mercante imprenditore – si fonda il sistema decentrato a domicilio ancora diffuso e destinato a una emarginazione lenta. Ma le ragioni della scelta di diventare o trasformarsi in imprenditori non sono univoche, a maggior ragione alle origini, quando il rischio di impresa nell'industria meccanizzata deve ancora dimostrare una redditività competitiva con altre forme di investimento sperimentate e ritenute sicure – terra, commercio, depositi bancari, titoli di Stato – in una società ancora lontana dal concedere immediati riconoscimenti di *status* e legittimità ai nuovi operatori del settore.

Ne fanno fede le origini sociali prevalenti degli imprenditori nella Padania pedemontana, sia che si trovino ad agire in ambienti agrari sia che operino in contesti urbani. Salvo rare seppur significative eccezioni, come tra gli industriali serici, i nuovi imprenditori sono estranei alle consolidate tradizionali élites di grandi proprietari terrieri, borghesi e aristocratici, di alti funzionari e professionisti, di banchieri e finanzieri; traggono invece origine da famiglie di piccoli e medi commercianti e artigiani, di operai e impiegati, e talora di modesti e nuovi professionisti dal profilo sociale ancora incerto.

Nell'alto Milanese, area centrale del processo formativo di imprenditorialità tessile, dagli anni venti precocemente strutturata su grandi imprese meccanizzate, nel contesto di un'agricoltura dal rendimento modesto e non incrementabile e con un'attività commerciale sovente aggiuntiva, meno redditizia che in ambiente urbano, i neoimprenditori, alcune grandi firme dell'industria cotoniera italiana, Ponti, Borghi, i Cantoni di Gallarate, sono quasi tutti commercianti e proprietari terrieri piccoli e medi. E radici simili, da una borghesia non alta, sono dei Gavazzi, tessitori in seta nel Lecchese, dei Dell'Acqua, Maino, Bassetti, tra gli altri, e dei piemontesi, i cotonieri Mazzonis, Poma, Cobianchi, e i lanieri Sella, Piacenza, Negri, Bozzalla, Vercellone. Ancora a Milano – dove con altrettanta precocità negli anni preunitari si fa strada la grande impresa di fabbrica – Grondona nella meccanica pesante, Pirelli nella gomma, e Ravizza, Prinetti, Guzzi, mentre origini modeste hanno Binda, industriale della carta, e Bocconi, che produce e commercia stoffe. E ancora Cirio, alimentarista torinese, i tessili De Angeli e Frua, e il Borsalino di Alessandria come il siciliano Vincenzo Florio, quando non si tratta di figli di liberi ma non grandi professionisti e proprietari terrieri, come Erba, medicinali, e Tosi, meccanica pesante. E se dal Nord-Ovest ci si sposta nei rari avamposti veneti dell'industria, si ritrovano analoghe origini sociali al di fuori delle tradizionali élites della terra, delle professioni, dell'aristocrazia, a partire dal Vicentino laniero, dove già negli anni preunitari si avvia il sistema di fabbrica e prende forza la spinta industrialista dei Rossi – e di Alessandro con particolare determinazione – seguiti, con una partenza più lenta e ritardata, dai Marzotto. Dal Veneto alla Liguria, o meglio, a Genova, che inizia a sperimentare dagli anni cinquanta, dal decennio cavouriano, una sorta di concreta prefigurazione locale, di paradigmatico prototipo a scala ridotta del modello italiano di capitalismo precocemente di Stato definito trent'anni dopo, per trovare altri significativi esempi di nuovi imprenditori dell'industria navale, meccanica e siderurgica, dalle origini sociali piccolo e medio-borghesi, come Bombrini, Rubattino, Ansaldo, Orlando.

Prima e a fianco dei neoimprenditori locali si collocano numerosi imprenditori stranieri, francesi, svizzeri, tedeschi, inglesi, con un afflusso ben più consistente di quanto non avvenga rispetto ad altri paesi europei, a conferma che in varie zone e Stati dell'Italia preunitaria sono individuate e colte proficue occasioni di investimento industriale. Un afflusso per molti versi decisivo di risorse imprenditoriali, tecnologiche e finanziarie avanzate e polisettoriali – dal tessile alla chimica, dalla siderurgia alla meccanica, alle miniere – che contribuiscono in primo luogo a stimolare mentalità e atteggiamenti culturali a favore dell'industria, almeno dove ne esistono i prerequisiti, e si inseriscono nei contesti più diversi, nel Nord-Ovest padano come in Liguria, e in alcune limitate parti del Centro come del Sud. In realtà, al di fuori della ristretta area del Nord-Ovest – destinata a rimanere a lungo, per un buon secolo, la sola trainante del paese per dotazione industriale – sono larghi e del tutto prevalenti i vuoti, le ampie zone estranee ai fermenti nuovi legati a significativi insediamenti industriali di fabbrica che si segnalano piuttosto come isolate eccezioni. È il caso di alcune aziende minerarie e metallurgiche in Toscana, di imprese inglesi meccaniche e siderurgiche a Napoli, e della presenza notevole di cotonieri svizzeri sempre in Campania, dove compongono una comunità tecnico-imprenditoriale di religione protestante ben inserita nelle reti finanziarie e commerciali di livello europeo. E una forte analoga corrente migratoria si è già diretta anche verso l'Italia settentrionale e destinata a ulteriore incremento nei decenni seguenti, quando svolge un incisivo ruolo modernizzante del sistema imprenditoriale nel Nord-Ovest padano, dove si innesta in ambienti socioculturali ed economici più favorevoli e in un intreccio talvolta stretto con dinamici imprenditori locali, come in Piemonte.

Queste esperienze imprenditoriali avviate negli anni preunitari, straniere e autoctone, ma attente alle più avanzate realtà industriali europee non di rado conosciute per esperienza diretta, e spesso destinate a durare nel tempo, hanno giocato un ruolo di rilievo nel fondare le strutture produttive e organizzative d'impresa, tramite l'importazione dall'estero di uomini e di conoscenze, oltre che di macchine, materie prime e semilavorati quando era il caso, e con l'internalizzazione nelle aziende di un saper fare diffuso in aree di antica tradizione manifatturiera. Le capacità innovative riferite ai diversi e inediti aspetti produttivi, tecnologici, commerciali, finanziari, espressione di una nuova seppur limitata imprenditorialità richiesta dall'emergente sistema di fabbrica, e quindi le prime isolate sedimentazioni di una cultura industriale capitalistica, che si formano e si esprimono già nei decenni avanti l'Unità, costituiscono un fattore di sicura incidenza nell'innescare la crescita del settore secondario, peraltro differenziata e squilibrata nei diversi sistemi economici degli Stati italiani. Una crescita di tale lentezza e modesta entità da far negare che ci si trovi dinanzi al dispiegarsi di un significativo e irreversibile processo di industrializzazione, frenato dalla debole domanda interna e dalla pressione del mercato internazionale.

Del resto il peso delle diverse e contrastanti decisioni politiche e di politica economica dei cinque maggiori Stati preunitari in conflitto – Regno di Sardegna, Lombardo Veneto, Stato Pontificio, Granducato di Toscana, Regno delle Due Sicilie – genera effetti disomogenei sui fragili comparti industriali scarsamente interdipendenti. Il passaggio drastico a una politica liberoscambista in Piemonte sortisce risultati ben altrimenti efficaci del liberoscambismo toscano nel sollecitare una crescita industriale diffusa per le produzioni che si giovano dell'apertura dei mercati come la seta greggia, e notevoli sono le differenze con il protezionismo asburgico e borbonico e tra gli effetti della loro concreta diversa applicazione. In ogni caso si rivelano scarse le possibilità effettive – e prima ancora la consapevolezza diffusa e organizzata dei nuovi nuclei di imprenditori, divisi da interessi contrastanti – di condizionare le politiche degli Stati dove operano, in assenza di relazioni economiche interne solide e comunque di gran lunga meno consistenti di quelle, intense, attivate in direzione di alcuni paesi europei come Francia, Gran Bretagna, Svizzera e Austria.

2. *Associazioni, gruppi di pressione, protezionismo*

La politica liberista della Destra al governo del neocostituito Stato unitario, che adotta la moderata tariffa doganale piemontese e stipula trattati commerciali all'insegna del libero scambio, come con la Francia nel 1863, è destinata a mettere in difficoltà i fragili e divisi nuclei imprenditoriali dell'industria. La scelta di favorire l'importazione dall'estero di semilavorati e prodotti finiti più competitivi genera infatti una crisi dell'industria italiana per almeno sei, sette anni dopo l'Unità, solo in parte compensata dalla forte esportazione di seta greggia. A motivare la politica liberista interviene un accentuato ottimismo sulla crescita autonoma, naturale dell'industria e sulla forza delle risorse agrarie del paese da parte di un ceto politico di liberali moderati vicino ai tradizionali interessi agrari e finanziari e sensibile a preoccupazioni di ordine, al timore di un pericoloso scatenarsi del conflitto sociale indotto dalla diffusione dell'industria. Gli stessi investimenti in infrastrutture, nelle ferrovie in particolare, dove pure si riversano capitali privati non solo nazionali, conseguono risultati modesti, non fanno da volano all'industria italiana né come occasione di acquisto di suoi prodotti né come veicolo di allargamento del mercato interno.

In un'economia che non si integra a scala nazionale, in assenza di una scelta politica a favore dell'industrializzazione, l'industria arranca e nella congiuntura difficile gli imprenditori non sono in grado di definire una posizione chiara e unitaria né sviluppano un'adeguata forza di sollecitazione su interlocutori politici attenti ad altri interessi, salvo qualche eccezione come Quintino Sella, imprenditore e ministro, e tuttavia isolato sostenitore di un meno precario industrialismo.

Solo a partire dalla seconda metà del primo decennio unitario, dal 1866, le intrecciate vicende di natura economica e militare favoriscono l'azione di alcuni gruppi di industriali in alleanza con uomini politici convertiti all'industria e il formarsi di una pressione lobbystica crescente e consapevole, seppur settoriale e regionale, degli imprenditori su governi e istituzioni per una svolta di politica economica che si verifica compiutamente solo dopo oltre un ventennnio, a fine anni ottanta.

Nel 1866 viene introdotto il corso forzoso dei biglietti di banca, ovvero il divieto di cambiare banconote in monete d'oro, in conseguenza della crescita del debito pubblico anche a causa delle spese militari richieste dalla guerra contro l'Austria. Il corso forzoso si traduce in una svalutazione di fatto della lira del 10 per cento con pari incremento dei prezzi dei prodotti concorrenti importati, e favorisce la competitività delle aziende italiane, sostenuta altresì dalla riduzione del costo reale della forza lavoro, sebbene l'accresciuto prezzo delle materie prime dall'estero riduca gli effetti positivi della manovra. È un temporaneo ma corroborante sostegno alle imprese che occupano anche spazi di mercato ampliati e resi accessibili dalla guerra franco-prussiana del 1870-71 come risultato dell'attenuarsi della concorrenza di francesi e tedeschi e di quella inglese, indirizzatasi in parte sul mercato francese. Negli anni 1871-73 la crescita è vivace, genera investimenti e nuove società industriali e bancarie, provoca un ottimismo industrialista prima sconosciuto, rafforza gli imprenditori che si organizzano e si fanno più decisi verso i governi, a maggior ragione da quando, a fine 1873, la congiuntura si inverte altrettanto rapidamente e genera un crollo piuttosto grave, mentre si avvia la grande depressione destinata a colpire soprattutto l'agricoltura.

Si fa adesso strada in settori crescenti di economisti e politici anche della Destra una percezione diversa, positiva, del ruolo dell'industria e della necessità di proteggerla, con prioritarie motivazioni di matrice politica, rafforzate dalla pessima performance italiana nella guerra del 1866 e dall'ammirazione per la potenza bellica della Prussia, sorretta da un robusto sistema industriale. E l'esigenza di autonomia militare, esaltata dalla volontà di espansione coloniale e di un autorevole ruolo politico dell'Italia nel contesto internazionale, contribuisce a creare un ambiente più disponibile verso l'industria, ritenuta motore essenziale di potenza, che agevola gli imprenditori nel premere a tutela di interessi di categoria rappresentati come interessi nazionali.

Una prima conferma emblematica è offerta dall'Inchiesta industriale del 1870-74, di per sé già un'iniziativa avviata a fini di sostegno del protezionismo, promossa non a caso tra gli altri da Alessandro Rossi, vero leader della frammentata imprenditoria industriale, da Luigi Luzzatti, economista e politico ora filoprotezionista, e dal ministro dell'Agricoltura, industria e commercio del governo Lanza, il ligure Stefano Castagnola, vicino agli interessi di industriali e armatori navali. Le deposizioni prevalenti tra le varie centinaia fornite da imprenditori di tutte le regioni – che pure comprendono anche liberisti peraltro minoritari come i setaioli ed evidenziano difformità di interessi e posizioni tra industriali di settori diversi – sono all'insegna di una forte e diffusa richiesta di protezione doganale espressa con la sicurezza di chi ha ormai chiara la percezione di un proprio ruolo non subalterno né marginale nell'economia e nella società.

Intanto continuano le varie attività di promozione dell'immagine – esposizioni, conferenze, pubblicazione di bollettini – e di tutela degli interessi imprenditoriali in direzione dell'opinione pubblica e delle autorità politico-amministrative, affidate ad associazioni e organismi locali a composizione intersettoriale – dove gli industriali sono ancora a fianco di esercenti, commercianti e artigiani – già attive a Firenze come a Milano, Torino, Genova, Faenza, Vicenza, Venezia, su posizioni sovente critiche verso lo scarso dinamismo delle Camere di commercio. E nel 1877 vengono costituite alcune organizzazioni di categoria solo degli industriali, strutturate per affinità merceologica di appartenenza degli imprenditori aderenti e con finalità tecnico-economiche. L'Associazione laniera italiana, fondata a Biella, l'Associazione dell'industria e del commercio della seta a Milano, l'Associazione cotoniera italiana a Torino hanno origine per l'impegno e la regìa di Alessandro Rossi, affiancato dai principali grandi imprenditori dei tre comparti fondamentali dell'industria tessile come Cantoni e Mazzonis, a conferma dell'avvenuta acquisizione di una struttura produttiva ormai solida e piuttosto uniforme. L'esigenza di una rappresentanza organizzata di interessi nel rapporto con lo Stato e la sua politica economica trova così una concreta realizzazione operativa, motivata nell'immediato dalla richiesta di una revisione tariffaria all'insegna del protezionismo doganale che ottiene un primo significativo risultato con l'adozione della nuova tariffa nel 1878. Siamo a solo un anno dalla costituzione delle tre associazioni, non le prime – l'Associazione tipografico-libraria italiana è del 1869, l'Associazione dei produttori di vini italiani del 1872 – e neppure le ultime, se nel giro di una quarantina d'anni tutta la gamma merceologica industriale sarà coperta da associazioni di categoria degli imprenditori, ma sono e rimangono tra le più attive e dinamiche.

Senza funzioni di natura sindacale, emerse in seguito e affidate ad altre nuove organizzazioni sorte in genere tra la fine dell'Ottocento e la prima guerra mondiale, queste iniziative di associazionismo economico di categoria assumono una rilevanza che risiede non solo nell'essere fondate e dirette dagli interessi oggettivi già in campo, quanto piuttosto nel creare gli interessi soggettivi degli imprenditori ovvero nel costruire una percezione comune di quale sia il loro interesse collettivo, di categoria. Né peraltro si riduce l'autonomia d'azione di imprenditori singoli o a gruppi, oltre che in materia sindacale, di rapporti con i lavoratori, affrontati ancora e a lungo in un'ottica aziendalistica, anche nei contatti con parlamentari, alti burocrati, uomini di governo locale e nazionale. Accanto alle organizzazioni di categoria, rimangono attivi ristretti ma dinamici gruppi di pressione informale con interessi comuni, anche tra imprenditori di settori produttivi diversi ma interdipendenti, affiancati da politici, intellettuali, tecnici, economisti coinvolti nel motivarne e sostenerne le posizioni in varie sedi istituzionali e sugli organi di stampa. Sono imprenditori legati da reti di relazioni personali e sovente familiari, che convergono per affermare i propri interessi senza avere di necessità il controllo di associazioni di rappresentanza costituite *ad hoc*. È il caso degli imprenditori liguri della meccanica, della cantieristica, della siderurgia e dell'armamento navale, Orlando, Lavarello, Piaggio, Rubattino, Cravero, Casaretto, Odero, tra gli altri, con a fianco uomini politici, economisti e pubblicisti come Boselli, Bixio, Millo, Boccardo, Virgilio. Parecchio attivi nel condizionare le scelte di politica non solo economica – si pensi alla politica coloniale – e alcuni fin dal decennio cavouriano, intervengono con notevole efficacia negli anni settanta e ottanta, quando si definisce un insieme di misure statali indirizzate a sostenere anche, ma non solo, il sistema imprenditoriale ligure, articolato sulle interdipendenze produttive, finanziarie e di servizi che si sviluppano nel ciclo della nave mercantile e militare, dalla costruzione all'armamento.

Non a caso, accanto al settore cotoniero e laniero e in parte anche alla tessitura serica – pari tuttavia a una quota minoritaria della produzione italiana centrata sulla seta greggia – la tariffa doganale del 1878, sebbene non molto elevata e con differenze dei dazi a seconda dei prodotti, accorda protezione anche al settore metallurgico, almeno per il ferro di prima e seconda lavorazione, mentre ignora le produzioni meccaniche, venendo così incontro agli interessi prevalenti fra i tessili che hanno convenienza nel proseguire a comprare da aziende estere i macchinari, più avanzati e meno costosi degli italiani, anche perché non gravati di dazi all'entrata.

Alla tariffa si succedono vari altri provvedimenti governativi di sostegno all'industria e in particolare a quella siderurgica, cantieristica e meccanica: le anticipazioni statali sulle commesse di corazze navali alla Terni, la prima grande impresa siderurgica privata italiana, che ne consentono l'avvio nel 1884; la legge per la marina mercantile del 1885, che garantisce congrue sovvenzioni, aumentate ed estese alle navi da guerra nel 1888, ai costruttori nazionali di scafi, macchine e caldaie, preferiti nell'assegnazione delle commesse pubbliche; le leggi del 1884 e del 1887, dopo l'Inchiesta sulla marina mercantile del 1881-82, che incrementano le già elevate spese per costruzioni navali; le commesse militari e la protezione accordata ai costruttori nazionali di materiale ferroviario, mentre si obbligano le tre società private di gestione della rete ad acquistare da aziende italiane il materiale fisso e rotabile, sia pur a certe condizioni di prezzo. È un insieme di misure di politica economica, non prive di contraddizioni, che confermano l'ormai avviata svolta industrialista negli anni della Sinistra, al governo dal 1876. Sebbene vadano per il 75 per cento a sostegno degli interessi prioritariamente rappresentati dagli imprenditori liguri, forti anche nella protetta industria molitoria e zuccheriera, in realtà costituiscono una spinta decisiva per settori – siderurgia, cantieristica e in parte meccanica pesante – con impianti di imprenditori attivi anche in altre aree del Nord-Ovest, e in Lombardia soprattutto, come emerge dalla seconda tariffa doganale del 1887. Ben più elevata della prima, oltre a cotone e lana protegge la siderurgia – e la produzione di ghisa essenziale per l'acciaio – sebbene trascuri ancora l'industria meccanica con effetti negativi per la meccanica leggera e in particolare per la produzione di macchine, che riesce comunque a qualificarsi al pari dell'industria chimica non protetta, almeno per alcuni prodotti, mentre la meccanica pesante ricava benefìci notevoli dai provvedimenti di sostegno già varati.

La svolta interventista e industrialista dello Stato italiano, in linea per certi aspetti con le misure protezioniste adottate negli altri paesi europei e negli Stati Uniti, ma non in Gran Bretagna, produce effetti immediati di crescita dell'industria, peraltro interrotti dalla grave crisi bancaria dei primi anni novanta. Il pur massiccio intervento statale genera un'imprenditorialità che in quanto protetta denota non elevate capacità organizzative e tecnologiche, scarso dinamismo e tendenze speculative – aspetti presenti e denunciati all'epoca in varie sedi – ma d'altro canto interviene a favorirne comportamenti anche innovativi sollecitati dalla crescita dimensionale delle imprese, contribuisce a modernizzare e a rendere più solido il sistema imprenditoriale che si arricchisce di esperienze e culture produttive e finanziarie meno fragili, di nuovi imprenditori e di imprese sovente già avviate prima dell'adozione delle misure degli anni ottanta.

3. *Impresa familiare e grande impresa oligopolistica. Milano contro Roma*

Alle origini è in prevalenza il settore tessile a dar vita alla prima forma d'impresa, la piccola, ma talvolta media e grande impresa familiare, e nel tessile si delinea e consolida la tipologia del proprietario imprenditore e dirigente che assume e accentra in sé e nella famiglia funzioni imprenditoriali e manageriali oltre a fornire il capitale e correre il rischio dell'investimento.

Questi imprenditori, al tempo stesso proprietari e dirigenti, sono contrari a delegare funzioni di direzione, del resto ridotte e semplici in aziende a bassa intensità di capitale anche quando le dimensioni di impresa crescono, come nell'industria cotoniera, dove la meccanizzazione procede in sintonia con l'integrazione di più estese e complesse fasi del ciclo produttivo, e il ruolo dei dirigenti, sovente stranieri, si fa meno fragile e indefinito. Inoltre l'elevata protezione doganale, il basso costo della forza lavoro e la sua flessibilità – una costante nel caso italiano fino agli anni settanta del Novecento, pur con fasi alterne – il mercato interno ristretto e a basso reddito, anche se in lenta crescita, contribuiscono a non sollecitare l'adozione di pratiche organizzative complesse, tali da definire un'articolazione meno primordiale di funzioni e strutture d'impresa e consentire la diffusione del management e di una cultura manageriale.

Nelle imprese è la funzione produttiva a rimanere dominante e a conferire un lungo monopolio direttivo a ingegneri e tecnici, peraltro più forte in altri settori come la siderurgia e la meccanica. Nel tessile di prima e anche seconda generazione rimane invece centrale il ruolo monocratico dell'imprenditore, definito da radicati comportamenti paternalistici e autoritari, tra solidarismo filantropico, teso al mantenimento di una fedeltà subalterna, e repressione brutale del conflitto, percepito come tradimento personale, insopportabile e irriconoscente oltraggio. Del resto il rifiuto ad accettare il conflitto quale elemento intrinseco di una società industriale, sebbene di lenta e ritardata formazione in Italia, è presente anche nelle più dinamiche esperienze imprenditoriali non tessili della seconda metà dell'Ottocento, dalla meccanica alla gomma all'elettrotecnica, attive nell'area milanese. Qui la forte componente tecnocratico-ingegneristica – che legittima gli imprenditori di questi settori in quanto depositari di una specifica autorità tecnica sovente di matrice universitaria e concreti sostenitori delle istituzioni di formazione tecnico-scientifica a partire dal Politecnico – si lega a pratiche e obiettivi di collaborazione di classe perseguiti però sulla base di una cultura del lavoro quale prodotto dell'impegno comune fondato sull'acquisizione di conoscenze e capacità tecnico-professionali.

Un altro ambito di formazione imprenditoriale decisivo nel contesto dell'industrializzazione in atto ma nettamente diverso è offerto dalla siderurgia, dalla cantieristica e dalla meccanica pesante in stretta relazione con l'intervento statale, tra i fattori decisivi del capitalismo industriale italiano e con particolare incidenza dagli anni ottanta dell'Ottocento. In questi settori della produzione di semilavorati e di beni strumentali si formano grandi imprese oligopolistiche a crescente concentrazione e verticalizzazione e ad alta intensità di capitale, che si affiancano alle piccole e medie. A capo delle imprese si collocano figure imprenditoriali diverse dall'imprenditore di tipo manchesteriano formatosi nell'ambito dell'esperienza diretta di fabbrica, singolo operatore self-made con organizzazione e capitali scarsi. Si tratta invece di fondatori di imperi, imprenditori di cultura e origine sociale in genere più elevate, con militanza risorgimentale, esperti in manovre finanziarie e in forme societarie più complesse come le società per azioni. Vicini al potere politico per la sua incidenza decisiva nel successo delle iniziative, tesi a controllare oligopolisticamente il mercato, sono disposti o meglio obbligati a delegare al management tecnico, talvolta proveniente da opifici e arsenali di Stato, funzioni di direzione e di guida della produzione ma non funzioni imprenditoriali, di controllo delle imprese, che rimangono alla proprietà, alle sue prerogative monocratiche.

Il sistema imprenditoriale dell'industria si fa dunque articolato, registra l'affermarsi di nuove tipologie di imprese e imprenditori, acquista una capacità prima inesistente di organizzare e di far valere gli interessi, che esprime in direzione del potere politico a livello locale e nazionale. Tuttavia la sua crescente complessità, a conferma di un apparato produttivo in consolidamento su un fronte merceologico e settoriale via via più diversificato, non attenua, anzi per certi versi mantiene e accentua, divergenze anche nette di posizioni e interessi, destinate ad emergere in varie occasioni.

Al di là dei contrasti tra settori e imprese in materia di protezione, non solo tra protezionisti e liberisti ma anche tra sostenitori di diversi e contrastanti livelli di dazi a seconda dei prodotti da tutelare, a cavallo tra gli anni ottanta e i novanta si sviluppano dissensi manifestati con aperte e drastiche motivazioni politiche e ideologiche. È il caso dell'aggressiva protesta antiromana e anticrispina che gli ambienti imprenditoriali milanesi sviluppano con la sapiente regìa dell'ingegnere e professore Giuseppe Colombo, esponente di primo piano della nascente industria elettrica, deputato e ministro nei governi Di Rudinì. Sulla base di una forte esaltazione dell'autonomia e del ruolo di guida di Milano «capitale morale», tempio della tecnica, della finanza e dell'industria dinamica come di un'operosità indefessa e meritocratica, contrapposta a Roma capitale di pratiche politiche inefficienti, farraginose e dissipatrici, e con i toni di un'evidente avversione per la politica e lo Stato nazionale destinata a durare – ma in realtà a sua volta espressione di atteggiamenti politici tutt'altro che assenti – gli imprenditori milanesi attaccano anche scelte di sostegno statale prevalentemente indirizzate ai settori della siderurgia, della cantieristica e della meccanica pesante navale controllati da industriali di altre aree. E in una situazione di deficit crescenti del bilancio dello Stato sono altresì contrari alle spese coloniali e militari dei governi di Crispi, che non si traducono in benefici consistenti e diretti per le imprese chimiche, elettriche, della gomma, della meccanica leggera operanti nel Milanese, anzi aumentano una pressione fiscale ritenuta già troppo pesante.

Del resto a esasperare le tensioni nel sistema imprenditoriale interviene la grave crisi degli anni neri tra il 1888 e il 1894, che crea pesanti difficoltà ad alcune banche, come il Banco sconto e sete, la Banca di Torino, la Banca tiberina, e travolge i due maggiori istituti di credito, il Credito mobiliare e la Banca generale. La battuta di arresto è drastica soprattutto per alcuni settori come l'industria serica, la siderurgia, la meccanica, mentre al contrario la cotoniera registra un'impennata produttiva trainata dalle esportazioni. È una crescita di tale entità da generare un'espansione eccessiva degli impianti e una conseguente crisi di sovraproduzione quando il consumo interno di cotone si restringe drasticamente e il quarto governo Crispi introduce nel 1894 un dazio sul cotone greggio importato, offrendo un ulteriore motivo anche ai cotonieri, forti nel Milanese, per attaccare le scelte crispine e al tempo stesso Roma, capitale della burocrazia e della politica, nefasta distruttrice di ricchezza e sviluppo, cui tuttavia si continua a chiedere scelte diverse ma comunque politiche.

Il decollo

1. *I nuovi attori tra borsa e banca*

Tra la metà degli anni novanta dell'Ottocento e la prima guerra mondiale il sistema imprenditoriale italiano attraversa un periodo di particolare vivacità in quanto a nuove esperienze e ulteriore stratificazione, senza che declinino forme di impresa e tipologie imprenditoriali già operanti, nel contesto di una fase di forte espansione convenzionalmente definita come decollo industriale.

Gli ormai profondi squilibri, in via di rapido aggravamento proprio in questi anni tra il Sud e il Nord-Ovest in particolare – centrato sul triangolo Milano-Torino-Genova – condizionano i dati complessivi dell'economia italiana, ne forniscono un'immagine distorta e sottovalutata almeno se riferita all'industria che nel Nord-Ovest continua per larga parte a localizzarsi. E del resto anche alcuni indicatori economici a scala nazionale non mancano di rilevare quantità e qualità nuova di una crescita notevole malgrado la battuta di arresto della crisi del 1907, in sintonia con il contemporaneo trend di sviluppo europeo. Le importazioni si triplicano a fronte di un raddoppio delle esportazioni, con un terzo dell'import ormai coperto da materie prime, combustibili, semilavorati e macchinari destinati soprattutto al sistema produttivo industriale, mentre quasi il 19 per cento dell'export consiste in prodotti di fabbriche a tecnologia avanzata, nove volte quanto collocato all'estero meno di trent'anni prima. L'industria partecipa quindi in posizioni di primo piano alla forte crescita dell'interscambio italiano che conferma un ininterrotto e accelerato inserimento nel mercato internazionale in via di rapida trasformazione alla luce delle innovazioni tecnologiche e produttive della seconda rivoluzione industriale.

Ed è proprio in alcuni nuovi comparti centrali di questa fase – automobilistico, chimico di base, elettrico, cementifero, elettrochimico, elettrosiderurgico, della gomma e della meccanica di precisione – insediati in buona misura nel Nord-Ovest senza il solito ritardo a confronto delle più avanzate economie europee, che si afferma una leva di imprenditori dal profilo per molti aspetti diverso e inedito, tra i fattori decisivi dello slancio industriale negli anni giolittiani.

I nuovi attori imprenditoriali emergenti, talvolta eredi di imprese già avviate – Falck, Agnelli, Donegani, Conti, Pesenti, Olivetti, Volpi, Esterle, Pirelli tra gli altri – si distinguono per alcuni elementi che ne individuano il profilo. Forte pragmatismo e radicata convinzione nell'industria moderna quale motore di un'economia liberata dai vincoli della società rurale, con la fabbrica meccanizzata come sede prioritaria di accumulazione, notevole interesse scientifico ed economico per l'innovazione tecnologica di prodotto e di processo su cui indirizzare quote crescenti di investimento per la conquista del mercato, una formazione universitaria e un'etica non paternalistica del lavoro concepito non più come categoria morale ma dato empirico e misurabile a fini operativi, contribuiscono a delineare un tipo di imprenditore che fonda consapevolmente la propria legittimazione su un ruolo produttivo e sociale ormai definito.

Il suo rapporto con l'impresa, percepita come strumento economico di produttività, è razionale, in una certa misura più distaccato nell'ambito della società per azioni che si diffonde e sollecita a introdurre tecniche meno approssimative e individuali di gestione e direzione, favorisce reti di interessi economici collegati, contribuendo a sfumare, ma non a cancellare nei nuovi imprenditori il forte individualismo di quelli delle origini e a favorirne comportamenti disponibili entro certi limiti alla rappresentanza collettiva di interessi nell'ambito del riconoscimento di fatto del conflitto e dell'organizzazione sindacale operaia.

In un contesto favorevole al diffondersi dell'imprenditorialità su vari versanti – dalle novità politiche legate al liberalismo pragmatico di Giolitti all'euforia economica e psicologica attorno alle inedite innovazioni della nuova industria, come l'elettricità nelle sue diverse applicazioni – l'affinarsi di profili e funzioni imprenditoriali in rapporto a nuove forme di impresa e di finanziamento trova sostegno nell'intervento delle banche miste di tipo tedesco – istituti di credito sia commerciale a breve scadenza che mobiliare a medio e lungo termine – la Banca commerciale e il Credito italiano in primo luogo, costituite a metà anni novanta. Pur senza i livelli di incidenza nel controllo e nella gestione d'impresa raggiunti in Germania, svolgono un'azione anche di consulenza tecnico-finanziaria destinata a favorire nel tempo la formazione di management qualificato e prezioso per le aziende. E se non trascurano affatto le consuete occasioni e tecniche di intervento, dai crediti a breve alle operazioni di credito pubblico, e finanziano i tradizionali settori tessili e l'industria pesante al centro di vari onerosi salvataggi come la siderurgia, le banche miste intervengono altresì a favore dell'ala trainante dell'imprenditoria impegnata nei settori manifatturieri non di base legati al mercato, dove si collocano alcune grandi firme dell'economia italiana ancor oggi in posizioni di primo piano, confermando l'importanza della fase del decollo nel definire il sistema imprenditoriale.

Tuttavia i nuovi comportamenti imprenditoriali, anche se interessano una parte pur significativa degli industriali, non appartengono di norma a un'altra componente imprenditoriale in ascesa negli stessi anni e segnata da un individualismo familistico e da una chiusura alle rivendicazioni operaie forti quanto il totale assorbimento nel lavoro, simile alle dinastie imprenditoriali di primo Ottocento per formazione self-made e iniziale piccola e media dimensione d'impresa, ma diversa in quanto a origini, non più commerciali e agrarie bensì tecnico-operaie. In un contesto ora mutato nella regione industriale del Nord-Ovest, con l'ormai evidente e indiscutibile ruolo acquisito dall'industria quale occasione competitiva di arricchimento, le nuove esperienze provengono anche dalle fabbriche, dai processi produttivi, dove si formano abilità tecnico-pratiche e potenzialmente imprenditoriali di un certo peso. Dall'impresa si genera impresa all'interno di un processo di industrializzazione ormai irreversibile e in pur modesta misura autogenerantesi e diffusivo, mentre la mobilità sociale ascendente si fa meno insolita e meno precario e indeciso l'apprezzamento verso l'imprenditore.

Il boom della borsa almeno fino al 1908, sebbene non privo di componenti speculative, con una drastica riduzione del peso delle società per azioni di credito e ferroviarie a favore delle industriali, unito a un buon livello medio dei loro dividendi, testimonia del nuovo interesse per l'investimento industriale, ora competitivo con altre forme di impiego, e fa comprendere come il concreto successo di impresa motivi l'estendersi di esperienze imprenditoriali piccole e medie di modesta origine tecnico-operaia. Sebbene in ritardo e comunque meno consistente in Italia a confronto di altre economie, la diffusione della società per azioni durante gli anni del decollo, testimoniata dalla costituzione di nuove società e dagli aumenti di capitale, offre sicura conferma di un sistema imprenditoriale che si espande e si modernizza, ma al tempo stesso rivela alcuni aspetti peculiari del caso italiano destinati a permanere nel lungo periodo.

Ad attirare capitali con una crescita superiore alla media non sono le industrie a più elevata redditività, come la laniera, la serica, la cartaria, quanto piuttosto i settori più protetti quali il metallurgico e il cotoniero e in fase di forte incremento della domanda, come il chimico e l'elettrico, a dimostrazione di quanto siano soprattutto le aspettative di sicurezza a guidare gli investimenti. E inoltre la più consistente presenza di società di medie dimensioni e di nuove società, in particolare tra il 1905 e il 1907, e la diffusione dell'azionariato che interessa anche le grandi società per azioni, non sono in realtà solo l'espressione di un allargamento dell'interesse del risparmio diffuso per l'investimento azionario industriale. E neppure segnalano solo una pur attiva, nuova imprenditorialità pronta a confrontarsi con le regole, le opportunità ma anche con i rischi che la società per azioni presenta, come l'ascesa di altri protagonisti imprenditoriali nel controllo di imprese oggetto di possibile scalata, e la separazione tra il controllo e il management. In effetti buona parte delle società di nuova costituzione, in prevalenza piccole e medie, non risultano altro che la trasformazione societaria di imprese familiari già esistenti. In queste imprese, come nelle grandi e nei gruppi di fatto – che si creano attraverso interdipendenze di partecipazioni azionarie secondo processi di concentrazione dei capitali – ovvero nell'insieme del sistema societario industriale, prevale nettamente un rigido controllo di tipo familiare, fondato su reti e vincoli di parentela e di amicizia, su ferree e ristrette alleanze di interessi piuttosto che su un'efficace struttura organizzativa. L'obiettivo principale è di tutelare la stabilità proprietaria, l'unicità di comando, sulla base di una rigida concezione privatistica del ruolo assoluto dell'imprenditore, che tende ad accomunare le imprese al di là delle dimensioni e dei settori.

Questo connotato degli imprenditori dell'industria, in Italia più tenace e diffuso che altrove, se ne supporta e motiva un dinamismo individualista che è anche fattore di crescita e di sviluppo del sistema imprenditoriale, d'altro canto ne ostacola i necessari processi di razionalizzazione, di regolazione a livello di settore come di impresa. Anche la grande impresa non si sottrae al carattere personale, familistico, élitario del capitalismo industriale italiano, non attenuato, anzi, in apparente paradosso, favorito dal fatto che sia un capitalismo precocemente di Stato con un settore di grande impresa oligopolistica a crescente concentrazione e verticalizzazione. I gruppi che via via si costituiscono e crescono, in particolare nei settori di base – Terni, Ilva, Ansaldo, e nell'industria alimentare Esercizio molini ed Eridania, tra gli altri – sono gruppi definiti non tanto sulla base di coerenti strategie industriali ritenute prioritarie quanto piuttosto da obiettivi di natura finanziaria e speculativa, e contrari ad interventi, ad accordi che riducano le diseconomie, i profondi divari tecnologici, la fragile autonomia finanziaria, pronti a chiedere costosi salvataggi di Stato, come per la siderurgia nel 1911, destinati a ripetersi negli anni successivi fino alla grave crisi strutturale dei primi anni trenta.

Una tenacia «padronale» – il termine non è affatto fortuito – inflessibile e radicata nelle diverse forme e dimensioni di impresa che impedisce altresì la separazione tra controllo, proprietà e management e la sedimentazione di culture, esperienze tecniche, e soprattutto competenze organizzative e manageriali adeguate, con un notevole ritardo nel rinnovamento delle strutture d'impresa e più in generale del sistema economico.

Nell'ambito della diffusione delle imprese e di una loro maggiore articolazione strutturale, come della concentrazione che porta al formarsi di alcuni grandi gruppi, e in presenza di un più largo strato di media e soprattutto piccola impresa, anche se per buona parte di modesta efficienza e competitività e rivolta al mercato interno in un regime protezionistico, le posizioni e i ruoli di direzione tendono a espandersi, ma continuano a non arricchirsi di funzioni propriamente manageriali di controllo e di definizione strategica, come invece accade negli stessi anni nel sistema imprenditoriale tedesco. L'organizzazione d'impresa è segnata da scarsi elementi innovativi e vi prevale la continuità di strutture semplici di tipo gerarchico-militare in assenza di pratiche organizzative più complesse. Il mancato avvio di una razionalizzazione delle risorse distinta e successiva all'accumulazione delle risorse stesse, a causa dell'ancor modesta espansione del mercato e delle dimensioni d'impresa, contribuisce a sua volta alla mancata attivazione di strutture diversificate e multidivisionali con molteplici funzioni e posizioni di tipo manageriale, al contrario della contemporanea grande impresa integrata americana a forte tasso di innovazione organizzativa. È sempre la funzione produttiva a imporsi, con il risultato di far mantenere ai dirigenti tecnici affiancati dagli amministrativi il monopolio della direzione non scalfito dalle prime modeste sperimentazioni tayloristiche, e fondato sull'autorità tecnica a scapito del tradizionale paternalismo, peraltro lontano da un tramonto definitivo.

Neppure la forte tendenza alla concentrazione, accentuatasi con la crisi del 1907 e il successivo ristagno, e la spinta ad accordi oligopolistici di controllo dei prezzi e del mercato, realizzati in forme diverse – trusts, cartelli, consorzi – incentiva processi di razionalizzazione di settore ed esperienze e culture organizzative meno fragili e irrazionali. Sebbene con tecniche e obiettivi non sempre univoci, l'Istituto cotoniero, l'Unione zuccheri, il Consorzio siderurgico, i cartelli del cuoio, del vetro, della seta e dei fosfati, il Consorzio per gli zolfi, ma anche la costellazione finanziario-aziendale tipica dell'industria elettrica, che nascono da alcuni di questi accordi, sono però tesi a un ruolo difensivo, di tutela degli equilibri esistenti piuttosto che ad un superamento concordato di doppioni produttivi, di dislivelli tecnologici, di impianti sovradimensionati, al fine di avviare processi di convergenza e integrazione industriale, di interdipendenza tecnologico-produttiva e complementarità tra le imprese e i settori, in sintonia con i sistemi industriali più avanzati.

2. *Conflitto e organizzazione di classe. Da Giolitti al nazionalismo*

I processi di concentrazione oligopolistica si accompagnano al diffondersi di nuove forme di organizzazione e di rappresentanza degli interessi degli imprenditori industriali come risposta alla crescita organizzativa e conflittuale del movimento operaio, favorita dalla nuova posizione di neutralità del liberale Giolitti e dei suoi governi in tema di conflitti di lavoro, che toglie agli imprenditori la copertura repressiva tradizionalmente fornita dalle autorità, e li costringe a misurarsi con una controparte organizzata e piuttosto solida, almeno nelle aree del Nord dove l'industrializzazione procede speditamente.

Il Consorzio tra gli industriali meccanici e metallurgici di Milano del 1899, il Consorzio industriale ligure del 1901, la Federazione degli industriali monzesi dell'anno seguente, sono alcune tra le varie associazioni con compiti di tutela sindacale a scala territoriale e settoriale di imprenditori dell'industria che precedono – ma altre seguiranno – la fondazione a Torino della Lega industriale nel 1906 – quando a Milano viene costituita la Federazione industriale e commerciale italiana – la prima associazione economica intersettoriale di rilievo nazionale a reggere nel tempo. La Lega torinese è l'esperienza associativa intercategoriale a livello locale più dinamica e incisiva e il nucleo promotore della Federazione industriale piemontese nel 1908 e della Confederazione italiana dell'industria – la prima versione, peraltro ancora limitata al Nord-Ovest, della Confindustria – fondata nel 1910. Nello stesso anno viene costituita anche l'Associazione nazionale fra le società per azioni, l'Assonime, con compiti non di natura sindacale ma di organizzazione e tutela delle imprese sul versante della politica economica e finanziaria, e comunque vicina alla Confederazione italiana dell'industria che al 1911 comprende 21 associazioni di imprese con 201.000 addetti.

Lo stimolo e l'impegno più convinto alla creazione di un solido e strategicamente attrezzato fronte degli industriali si sviluppa proprio a Torino perché, al di là dell'iniziativa pionieristica di alcuni imprenditori, come il setaiolo Louis Bonnefon Craponne e Giovanni Agnelli, e di Gino Olivetti, che ne fondano e arricchiscono l'azione di contenuti progettuali a lungo termine e ad ampio raggio, nella città piemontese, con maggiore rapidità che altrove, si innesca uno sviluppo industriale fondato sui nuovi settori ad elevato capitale variabile che richiedono la continuità del processo produttivo e non tollerano interruzioni della produzione dai pesanti effetti per i conti aziendali. Sulla base della presa d'atto del conflitto come realtà non provvisoria e temporanea e della conseguente necessità di una risposta organizzata e unitaria degli imprenditori, la Lega si propone di istituzionalizzarlo e di comporlo attraverso il confronto, quando non lo scontro, e la contrattazione con le organizzazioni dei lavoratori. I costi aggiuntivi provocati da miglioramenti del trattamento economico e normativo delle maestranze devono essere recuperati con incrementi della produttività da ottenersi tramite la gestione della flessibilità e dell'organizzazione del lavoro da parte dell'impresa. Di qui l'interesse per il taylorismo e il rifiuto rigido e consapevole di qualsiasi limitazione dell'autorità padronale, di qualsiasi forma di controllo sindacale.

È la risposta al connotato nuovo delle lotte operaie fin dal biennio 1905-1906. Accanto alle richieste di miglioramenti salariali, accettabili in un periodo di ancora elevati profitti, si chiede l'applicazione e l'estensione di uniformati regolamenti interni di fabbrica e la riduzione dell'orario di lavoro, intaccando l'accrescimento costante della produttività dovuto all'ordinato impiego dei fattori produttivi e mettendo in discussione il potere discrezionale dell'imprenditore. Dinanzi a questi obiettivi di energiche agitazioni sindacali, la neutralità giolittiana, tesa a far pressione sugli industriali per l'accettazione pacifica delle richieste operaie, e l'azione di tutela e di provvidenza dello Stato si mostrano insufficienti a comporre tensioni sempre più aspre. Si rafforza così tra gli imprenditori l'atteggiamento critico nei confronti dell'esperimento giolittiano, anche da parte di industriali più vicini all'uomo politico piemontese. Non si approva il modo in cui lo Stato interviene nei conflitti sociali, ci si oppone ai provvedimenti in materia di legislazione sociale e al progettato monopolio statale delle assicurazioni, mentre si attenua la primitiva impostazione aliena da un impegno politico diretto e legata alla convinzione di poter risolvere i problemi nell'ambito di un confronto diretto con il sindacato e comunque in piena autonomia dalla sfera politica. Già con la crisi del 1907 si palesa la tendenza a prefigurare altri equilibri in cui lo Stato risulta sostanzialmente coinvolto dalle richieste del potere economico e l'imprenditore diventa protagonista decisivo nella gestione della cosa pubblica. E la stessa costituzione della Lega industriale prima e soprattutto della Confederazione italiana dell'industria poi sono anche la conseguenza organizzativa di un atteggiamento destinato a incrinare il rapporto tra imprenditori e Giolitti.

I contenuti dell'azione confindustriale attengono quasi unicamente alla legislazione sociale, su cui assume una posizione di dura critica nei confronti del governo, mentre sul piano sindacale la Confindustria non ha poteri contrattuali, non dirige in concreto i suoi aderenti e si limita a fornire indicazioni di carattere generale che i singoli settori e aziende non sono vincolati a seguire. La ancora scarsa unificazione del mondo imprenditoriale e operaio a livello nazionale, i contrasti interni tra le diverse anime, e in particolare la piemontese e la lombarda, e tra i grandi gruppi, spiegano il disimpegno sindacale della Confindustria e finiscono per rafforzarne la dimensione politica in chiave di forte pressione e in misura crescente di scontro con i governi. Del resto anche i consorzi si connotano per un intervento di contrapposizione al movimento operaio e sindacale che nel 1913 subisce una grave crisi, segnata da divisioni interne e dalla scollatura tra il sindacato di matrice riformista e gli operai.

Mano a mano che si amplia il solco tra gli imprenditori e Giolitti, la tentazione degli industriali di una partecipazione organizzata e diretta alla vita politica si rafforza. Dopo anni di varie proposte di costituzione di un partito di matrice liberale che traduca in azione politica gli interessi degli imprenditori, coagulando un consenso più ampio attorno alle loro posizioni, in sostanza un partito della borghesia italiana, vengono avviate alcune iniziative concrete. Nel 1907 un industriale chimico, Ettore Candiani, fonda a Milano il Partito economico, che conquista due seggi parlamentari alle elezioni del 1909 ma, senza ottenere l'adesione dell'Associazione cotoniera né della serica, della metallurgica e delle associazioni imprenditoriali piemontesi e liguri, non riesce ad andare oltre i confini di Milano. Ed esperienze analoghe si ripetono a Torino e in altri centri urbani con risultati scarsi, come quelli ottenuti anche dalla costituzione nel 1911 di un gruppo industriale parlamentare e da altre iniziative similari di politici di professione. Gli stessi industriali parlamentari, siano senatori o deputati, che in quanto eletti si presume più vicini agli interessi e ai collegi rappresentati e quindi più motivati a un'attività meno labile al di là delle diverse collocazioni politiche – come, nella legislatura dal 1909 al 1913, i tessili Silvio e Daniele Crespi, Dell'Acqua, Baragiola, Scalini, Marzotto e Rossi, il siderurgico Rubini, lo zuccheriero Maraini, il chimico Candiani e ancora Orlando, Raggio, Milani – in realtà non si distinguono per la partecipazione all'attività legislativa e al funzionamento dei vari organismi parlamentari. E raramente si schierano con forza e all'unanimità, anche nelle rare volte in cui le scelte di politica economica sono al centro del confronto parlamentare con significativi riscontri nell'opinione pubblica, come nel caso della nazionalizzazione delle assicurazioni sulla vita. In effetti, mentre altrettanto scarsa si rivela la presenza di imprenditori negli organi consultivi dell'iniziativa parlamentare e di governo come il Consiglio dell'industria e il Consiglio del lavoro, solo a livello amministrativo locale se ne coglie una partecipazione piuttosto ampia e attiva.

Se gli imprenditori industriali riescono, pur tra molte divisioni, a organizzarsi almeno a livello di settore per la tutela degli interessi di categoria compresi quelli sindacali, non altrettanto avviene quindi per una rappresentanza politica di loro ispirazione strutturata in partito. Vi si oppongono i contrasti interni al mondo imprenditoriale, tra gruppi, imprese, settori e aree, l'ormai consolidata e proficua tecnica di rapporto con il potere politico di natura notabilare, lobbystica, ministeriale, favorita dal collegio uninominale, in una logica di scambio tra provvedimenti utili all'impresa e sostegno alle fortune dell'uomo politico e del burocrate di Stato. Ma incide altresì l'assente innovazione delle forme della rappresentanza politica liberale da parte di un leader come Giolitti che pure si fa promotore di un progetto di integrazione nello Stato liberal-costituzionale delle masse popolari, organizzate in partiti di massa. Né d'altra parte un ceto imprenditoriale che si distingue per una concezione e una pratica monocratica e assoluta delle prerogative della proprietà, destinata a radicarne un forte individualismo personale e familistico, può dimostrarsi facilmente disponibile a comportamenti di militanza e adesione politica in organizzazioni partitiche necessariamente costruite su valori collettivi e solidaristici, su una visione e una prospettiva generale di risoluzione dei problemi della società attraverso un filtro di mediazione di interessi particolari seppur consistenti. Un partito, quindi, che non potrebbe limitarsi ad essere l'aggregazione di un insieme pur ampio di gruppi di pressione, di associazioni di categoria, tra l'altro su posizioni non univoche e divisi tra loro, ma l'espressione di un progetto di egemonia culturale e politica, anche contrapposta alle tradizionali élites dirigenti, che gli imprenditori non intendono o non riescono ad esprimere.

Mentre il sistema giolittiano, in un paradosso solo apparente, mostra crepe vistose mano a mano che procede in direzione liberaldemocratica – il suffragio universale maschile è del 1912 – ma senza mutare le forme dell'organizzazione politica liberale, e mentre avanzano socialisti e cattolici e l'economia ristagna, gli imprenditori accentuano il loro distacco, anzi un'opposizione via via più virulenta e insofferente per la partecipazione diretta alla politica e per la politica *tout court*, identificata nel ruolo e nell'azione di Giolitti, salvo a continuare nel pragmatico e proficuo scambio lobbystico di chi è «ministerialista per professione», secondo un'efficace definizione attribuita a Giovanni Agnelli.

In questa particolare congiuntura politica ed economica, segnata altresì dalla guerra di Libia, l'attenzione di una parte crescente degli imprenditori si rivolge al movimento nazionalista che tra il 1913 e il 1914 inizia a definire un meno approssimato programma anche in tema di politica economica. Non per caso, ad ospitare alcuni significativi interventi di Alfredo Rocco e Filippo

Carli, che anticipano le linee del programma economico approvato di lì a poco, nel maggio 1914, al congresso dell'Associazione nazionalista, è la «Rivista delle società commerciali», diretta da Antonio Monzilli, vicino ai nazionalisti, e organo ufficiale dell'Assonime, l'unica organizzazione davvero nazionale del mondo imprenditoriale. L'Assonime ha da poco costituito un Comitato nazionale per la riforma dei trattati di commercio che coinvolge i rappresentanti di tutte le associazioni industriali di categoria, esclusa la liberista Associazione serica, e formula le richieste degli imprenditori al governo tramite il suo presidente, Ettore Ponti, all'insegna di una revisione della politica doganale sempre in chiave protezionista, del riconoscimento dei sindacati industriali e dei consorzi, di provvedimenti a favore del credito industriale e di sgravi e facilitazioni nei trasporti ferroviari e marittimi. Il produttivismo dei nazionalisti, il loro richiamo a un intervento dello Stato, protezione doganale compresa, di sostegno ai produttori, agli imprenditori industriali, ma subordinato alla loro autonomia d'azione, in nome del riconoscimento del ruolo essenziale dell'industria, della proprietà e dell'impresa, della loro funzione sociale a beneficio della nazione – intesa come collettività organica dagli interessi superiori a quelli dei suoi componenti – e della sua indipendenza, della sua forza in pace come in guerra, offre una legittimazione morale e politica agli industriali e a un sistema produttivo adesso articolato anche sui settori meccanico-siderurgici essenziali a una politica di potenza economica e militare. Agli imprenditori in crisi di rappresentanza politica, senza altri punti di riferimento, sotto i colpi della cultura economica e politica di matrice liberista, che attacca gli aspetti parassitari e speculativi del protezionismo, ma in nome di una rappresentazione «naturale» del mercato sempre più sganciata dai processi reali in atto non solo in Italia, il nazionalismo si presenta come una proposta ideologica prima che politica, magari ancora confusa, e tuttavia funzionale a ridefinirne un'immagine logorata, a far loro riconquistare una centralità supportata da motivazioni solidaristiche, da valori generali e nazionali.

Il mondo industriale è lontano da un unanime rapido avvicinamento ai nazionalisti, destinato comunque a consolidarsi prima e durante la guerra e che agli inizi vede in prima fila soprattutto i settori e le imprese più legate al sostegno e alla protezione statale e alla spesa in armamenti. Ma il fatto che a finanziare «L'Idea Nazionale», il settimanale di Rocco, Corradini e Federzoni, contribuiscano alcune grandi firme dell'industria nazionale di tutti i settori, e che organi di stampa come il «Corriere della Sera», «La Stampa», «La Tribuna», «Il Resto del Carlino», «Il Giornale d'Italia», vicini a gruppi di imprenditori variamente collocati, quando non di loro diretta proprietà, si lancino in infiammate campagne di forte impostazione nazionalistica in occasione della guerra di Libia, fornisce una inequivocabile conferma della crescente attenzione per temi e aspetti ideologici via via sistematizzati anche sul versante economico dal movimento nazionalista. Del resto il nazionalismo, mentre offre un'organica via d'uscita alla crisi di immagine e di legittimazione degli imprenditori, ne avalla e giustifica l'aggressività commerciale ed espansionistica di una parte in direzione dell'America latina come dei paesi balcanici e dell'Impero ottomano, all'insegna di un imperialismo dai modesti risultati economici e politici, ma dalle evidenti implicazioni di politica internazionale e non privo di tensioni con le altre potenze e con i partner della Triplice alleanza.

3. *Alla ricerca di un'identità*

Il nazionalismo come ideologia in grado di offrire una sponda culturale e politica legittimante per gli imprenditori dell'industria è in realtà il punto di approdo, strutturato in programma, di uno dei filoni ideologici che accompagna e connota l'industrializzazione in Italia fin dalle origini. In forme confuse, con accenti diversi, senza una sistemazione teorica, già in Alessandro Rossi e nei primi imprenditori del tessile si delinea la convinzione della centralità dell'industria come fattore di crescita e di prestigio nazionale, come motore di forza e potenza economica e militare, e dell'imprenditore come espressione di interessi non solo privati ma collettivi, nazionali. E ancora nelle componenti imprenditoriali vicine all'intervento dello Stato, impegnate nei settori della siderurgia, della meccanica pesante, della cantieristica, dell'armamento navale, ritornano continui e forti i richiami all'industria come fattore di indipendenza e di espansione economica, all'insegna di una sorta di patriottismo del prodotto lordo, in un intreccio serrato e inevitabile con le ragioni della politica – e Crispi ne è un punto di riferimento essenziale –, della diplomazia e degli ambienti di corte.

A questo filone ideologico, tradotto in rappresentazioni del ruolo proprio e della categoria che esulano dallo specifico contesto del mercato e dell'impresa per assimilarsi alla sfera della politica, se ne affianca, con particolare efficacia in età giolittiana, un altro di stampo tecnocratico, segnato da un'adesione piena e convinta alla centralità dell'impresa e dell'imprenditore nella società in nome dell'efficienza tecnica, della competitività, della capacità di essere fattore di crescita economica e sociale, di trasformazione della società in una prospettiva di modernizzazione, a partire dalla diffusione di quegli stessi prodotti dei settori industriali dove questa percezione del ruolo dell'imprenditore si radica e si diffonde, dall'automobile alla gomma, alla chimica, al cemento, all'elettricità.

In realtà questi filoni, cui si aggiunge il solidarismo paternalista di matrice cattolica, radicato soprattutto negli industriali del Veneto e della Lombardia, o meglio le tracce che se ne incontrano in un insieme di atteggiamenti, di comportamenti e di pratiche di fatto – in quanto gli imprenditori si distinguono per scrivere poco e parlare ancora meno di se stessi, almeno in questi anni – si mescolano sovente in un impasto alquanto indeterminato. E si ricompongono in un pragmatismo fattivo e concreto, in un empirismo che diventa senso comune imprenditoriale e non ne ostacola, anzi ne rafforza, la percezione diffusa di appartenere a una nuova aristocrazia che si è fatta da sé, sulla base delle proprie capacità, di un'etica del lavoro come dovere e sacrificio indefesso – e di qui la tenuta nel tempo dei messaggi di una diffusa letteratura self-helpista – e che proprio nella concretezza dell'agire, del rischiare, del costruire, del cambiare il volto della società a partire dalle espressioni della vita quotidiana, rinviene i meriti, le qualità, l'orgoglio di una identità collettiva e di una legittimazione sociale. È questa l'unica vera, corposa, prepolitica ma non per questo meno efficace identità, sufficiente a definire il profilo e l'autopercezione di una borghesia produttiva convinta di esercitare un ruolo chiave nella società, ma inadeguata a motivarne il concreto impegno collettivo a esercitare in prima persona un ruolo politico di trasformazione attraverso l'inevitabile scontro con le altre forti componenti egemoni, attestate sulla difesa dei tradizionali equilibri politici e sociali. Con il risultato di accentuare la discrasia tra gli esiti del concreto operare – ovvero la costruzione di un'economia e di una società industriale almeno nelle aree forti del Nord-Ovest – e la fragilità culturale e politica della sua legittimazione anche in quella società che pure cambia per gli effetti indotti dall'industrializzazione.

La crescita dei salari reali, per gli operai del 26 per cento tra il 1901 e il 1913, contro un aumento medio del reddito nazionale del 17 per cento, l'incremento del risparmio e dei consumi, pur modesto ma esteso per la prima volta anche a nuovi beni di consumo durevole, come le biciclette, passate da 600.000 a 1.200.000 in circolazione dal 1909 al 1914, quasi tutte nell'Italia del Nord, un'alimentazione più abbondante e nutriente, la diminuzione netta dell'analfabetismo, la diffusione delle attività sportive, dei cinematografi, dei quotidiani, sono trasformazioni di evidente portata, circoscritte a una parte del paese, ma realizzate a seguito di una formazione di reddito che ha il suo centro fondamentale nel settore secondario, nell'industria, benché il reddito sia diviso e distribuito attraverso aspre vertenze e dinamiche contrattuali, e non senza un ruolo decisivo delle politiche di governo e dei canali amministrativi.

Questa sorta di nuovo benessere in via di diffusione nei diversi ceti sociali, nella borghesia alta e media e in ampi gruppi di lavoratori, certi valori di comodità, di comfort – e di conformismo – tipici del borghese medio italiano in età giolittiana, ben simbolizzati dalla «vera lana» per l'abito su misura, dal cappello femminile, dall'andare a teatro, possono essere ascritti a una nuova stagione storica inaugurata dall'industria, e gli imprenditori consapevolmente si ritengono la vera decisiva spinta della modernizzazione, l'asse portante, insostituibile, del progresso in corso.

E tuttavia questa orgogliosa identità di protagonisti di prima fila del nuovo secolo dell'industria non si traduce nel far propri fino in fondo valori, mentalità e comportamenti nuovi, sganciati dai tradizionali valori di riferimento delle élites tradizionali. Imprenditori che hanno costruito notevoli fortune – e sono numerosi –, ormai a pieno titolo figure sociali riconosciute e legittimate ai più alti livelli della scala sociale, non più dunque il mondo a parte dei loro predecessori costretti a farsi strada tra il disinteresse quando non il disprezzo, si segnalano per strategie comportamentali all'insegna della tradizione e di una certa dipendenza se non soggezione verso le élites tradizionali. Oltre che da scelte matrimoniali in prevalenza endogamiche, a dimostrazione della scarsa permeabilità di una struttura sociale che pure si fa più aperta tramite una mobilità ascendente meno episodica, la distanza ancora forte tra aristocratici e alto-borghesi, specie di nuova formazione, emerge dalle diverse frequentazioni nei luoghi di una sociabilità che rimane separata, dalla ricerca durevole e piuttosto diffusa di nobilitazione, intesa come il conseguimento di un titolo nobiliare, l'adozione di stili di vita aristocratici, la ricerca di imparentamenti con famiglie patrizie. L'aristocrazia sembra rimanere il modello esemplare di un livello e di una qualità di vita sociale, di valori e indicatori di *status* di cui gli imprenditori si sentono privi, a conferma della loro percezione di una insicurezza sociale, della scarsa capacità, o scarsa consapevolezza, di poter costruire e diffondere un'identità e valori davvero egemonici e legittimanti nella società, ma anche ad avvalorare l'ancora forte presa simbolica dei miti aristocratici, a maggior ragione nel contesto di un regno, di una monarchia quale è e sarà l'Italia per ancora quasi mezzo secolo.

Guerra, dopoguerra, fascismo

1. *La Grande guerra degli industriali*

La guerra è un obiettivo che non trova subito unanimi gli imprenditori. Divergono nell'immediato gli interessi delle imprese esportatrici e meno legate alla politica degli armamenti, favorevoli a sfruttare fino in fondo la neutralità italiana sostituendo la concorrenza delle economie già coinvolte nello scontro, e quelli delle imprese più interessate invece a produrre per uno Stato in armi, in particolare le siderurgiche e meccaniche.

Ma nell'anno tra l'estate del 1914 e il maggio del 1915, tra lo scoppio della guerra e l'ingresso dell'Italia nel conflitto, si fa strada tra gli industriali la convinzione che la guerra sia un'occasione da non perdere e si moltiplicano iniziative e pressioni imprenditoriali a favore dell'intervento italiano. È il caso, tra gli altri, del sostegno finanziario di un gruppo di industriali, di Esterle (Edison), Bruzzone (Unione zuccheri), Agnelli (Fiat), Perrone (Ansaldo), Parodi (armatori) al nuovo quotidiano interventista di Benito Mussolini, «Il Popolo d'Italia», mentre alcuni sono già coinvolti accanto a Bondi, Piccardo, Bocca, Breda, e al potente Dante Ferraris nel finanziamento all'«Idea Nazionale», trasformato in quotidiano.

Non casuale è anche l'acquisto da parte di una cordata di imprenditori liguri del «Resto del Carlino», schierato a sostegno della partecipazione italiana alla guerra come il «Corriere della Sera» di Crespi, Pirelli, Beltrami, Frua e Albertini, e in generale gli altri grandi quotidiani, compresi i cattolici vicini al Banco di Roma, ma esclusa «La Stampa» di Torino filogiolittiana. Gli imprenditori mettono in campo gli strumenti della comunicazione di massa al fine di sollecitare e ampliare quella parte dell'opinione pubblica che preme per la guerra e in misura crescente si schierano in favore di un intervento militare a fianco di Francia e Gran Bretagna, le potenze dell'Intesa insieme alla Russia e ormai partner prevalenti per l'industria italiana, piuttosto che di Austria e Germania nella Triplice alleanza con l'Italia.

Le ragioni di questo progressivo *ralliement* imprenditoriale alle forze interventiste, minoritarie nel Parlamento, non sono peraltro legate solo ai pur corposi interessi economici in campo, alla guerra come grande occasione di profitto, ma trovano radici sempre meno precarie, destinate anzi a rafforzarsi col tempo, nel diffondersi di quella rappresentazione dell'Italia, della sua realtà come dei suoi destini, che il nazionalismo costruisce da alcuni anni e propaganderà con ancora maggior foga ed efficacia durante e dopo la guerra. L'Italia pronta a combattere, patriottica e solidale, è l'Italia della «nazione», la parte sana, espressa dal mondo delle imprese, dei produttori, dei lavoratori e imprenditori solidali, della borghesia industriale, di chi «fa e guadagna, [... dei] coraggiosi industriali di Milano, di Torino, di Como, di Gallarate, di Monza, di Genova, di Sampierdarena», della «borghesia che vince i premi alle Esposizioni, che lotta ne' mercati esteri, che osa incanalare acque, piantare mulini, innalzare fabbriche, [che è] unica ragione e sorgente della nostra forza e grandezza», come scrive Prezzolini. Questa è l'Italia sana e patriottica che deve battersi e sconfiggere l'altra Italia, contraria alla guerra, neutralista e pacifista, vicina ai liberali come Giolitti e ai socialisti, l'Italia antinazionale di un'altra borghesia, ignava e parassita, della burocrazia e della politica, l'Italia espressa da un Parlamento imbelle e senza coraggio e da un proletariato minaccioso e aggressivo.

Non tutti gli industriali sono schierati sul versante più apertamente nazionalista dell'interventismo che è anche espressione di un patriottismo indipendentista sia di stampo democratico che liberalconservatore. La rappresentazione degli imprenditori come «la» borghesia solidale e unanimemente consapevole del proprio ruolo e destino di guida della società, che agisce «nella consapevolezza di un'identità tra i propri interessi e quelli della nazione», come scrive Filippo Carli, oltre ad essere declinata in versioni non solo di matrice strettamente nazionalista, non corrisponde alla realtà complessiva di un mondo imprenditoriale ancora diviso e in parte lontano da stringenti preoccupazioni d'ordine politico e sociale. Tuttavia questa immagine tende a diffondersi tra gli industriali, entra nel loro lessico comune, si fa cornice e involucro ideologico, mentalità sempre più diffusa, autorappresentazione convinta in quanto risponde alle esigenze di una classe sociale che non si sente tutelata dai liberali di Giolitti, e trova così una giustificazione ancor più efficace, «nazionale», nella particolare congiuntura bellica, quando tra i fattori decisivi della vittoria conta la solidità di un potenziato sistema produttivo industriale.

La guerra segna una fase di crescita dell'industria italiana, soprattutto nei settori maggiormente legati alla produzione bellica – siderurgico, meccanico, elettrico, chimico – e quindi un ulteriore passo verso un assetto meno lontano dagli altri sistemi industriali avanzati, e permette alle imprese livelli notevoli di profitti consentiti dal rapporto di forza favorevole all'offerta nei confronti della domanda espressa dal cliente-Stato in evidente necessità, oltre i pur frequenti casi di corruzione nelle forniture militari. Il processo di concentrazione finanziaria e produttiva dei grandi gruppi accelera mentre si sviluppa un'azione, conflittuale tra Ansaldo e Fiat, di scalata e controllo da parte delle imprese industriali, avide di crescenti risorse finanziarie, in direzione delle banche miste, compresa la nuova Banca italiana di sconto vicina all'Ansaldo dei Perrone. Viene costituita la struttura statale dei Comitati di mobilitazione industriale a composizione tripartita – imprenditori, sindacalisti e alti ufficiali militari, ma con gli imprenditori in posizioni di predominio – che ha il compito di garantire programmazione, funzionamento e gestione dell'apparato produttivo impegnato nelle produzioni belliche anche sul versante delle condizioni salariali e normative dei lavoratori. Oltre ad ampliare la sfera di intervento dello Stato nell'economia, la Mobilitazione industriale induce negli imprenditori coinvolti, in genere grandi industriali, e presso il mondo imprenditoriale nel suo complesso, un atteggiamento mentale prima ancora che politico favorevole a un controllo diretto, senza mediazioni, delle leve e delle istituzioni della politica, *in primis* economica, già suggerito dai nazionalisti e ora concretamente verificato nelle sue modalità e nei suoi risultati quanto mai profittevoli per le imprese. È un esito degli anni di guerra destinato a trasferirsi nel dopoguerra, al pari di un altro frutto dell'esperienza dei Comitati di mobilitazione. Infatti, mentre assorbono compiti già delle associazioni imprenditoriali e tendono «ad eguagliare le condizioni di lavoro nelle varie officine», costringono «ad avvicinarsi quegli elementi che, come gli industriali, erano piuttosto portati verso una concezione quasi assoluta della propria autonomia nella gestione delle proprie aziende, verso una concezione cioè antagonista di quella sulla quale si fonda ogni fenomeno associativo». Così scrive Gino Olivetti nell'individuare l'esigenza, che si fa strada durante la guerra, di un organismo davvero a scala nazionale, unitario e rappresentativo della classe industriale. E se l'iniziativa parte verso la fine del 1918 dall'Assonime, presieduta dal piemontese Dante Ferraris, è proprio Olivetti, che ne diventa segretario generale, il vero promotore della nuova Confederazione generale dell'industria italiana, costituita nell'aprile del 1919, insieme al gruppo dirigente della Lega industriale di Torino, che porta Ferraris alla presidenza e Giovanni Agnelli tra i membri del Comitato direttivo. La sede è adesso a Roma, a sancire sia la vocazione nazionale dell'organizzazione sia la sua funzione di rappresentare gli «interessi vitali» degli industriali in un impegno di «espressione e tutela collettiva nel campo ove su di essi si discute e si decide, ossia nel campo politico». Vi aderiscono 50 associazioni in rappresentanza di oltre 6.000 aziende, salite a 77 nel 1921 e a 130 nel 1925, in larga parte dislocate al Nord, qualcuna al centro, e una sola al Sud, l'Unione regionale industriale di Napoli, a ulteriore conferma di un'industrializzazione proseguita nella tradizionale area di primo insediamento.

2. *Il richiamo del fascismo*

La situazione politica ed economica del dopoguerra è segnata dalla crisi dei già precari equilibri del decennio giolittiano. Le élites dirigenti liberali sono incapaci a comporre le pesanti contraddizioni innescate nel sistema politico dall'irruzione di forti partiti di massa come il socialista e il Partito popolare, a fronte delle strozzature e degli squilibri del recente sviluppo industriale italiano, delle conseguenze di un'espansione anche artificiosa e incontrollata di strutture produttive durante il conflitto, e della successiva difficile conversione a produzione di pace, nel contesto di un pesante debito pubblico e di un'inflazione crescente.

Ma al centro della preoccupata attenzione degli imprenditori sono in primo luogo il clima di duro scontro sociale, le forme e i contenuti del conflitto che percorre le fabbriche. Le lotte operaie in quegli anni, e soprattutto nel 1919-20, nel «biennio rosso», escono dagli schemi della normale prassi sindacale e salariale, non sono riconducibili all'ipotesi riformista di una graduale conquista di posizioni all'interno dell'accettato quadro istituzionale, non sono da stimolo a un allargamento del mercato, della domanda, tale da consentire il rilancio del meccanismo produttivo ed elevati saggi di profitto tramite opportuni aumenti di produttività. Alla base di una così vasta mobilitazione di massa è l'aspirazione, magari disordinata eppure genuina, a una radicale trasformazione della società, al socialismo, sotto la potente suggestione esercitata dalla vittoriosa rivoluzione sovietica. È dunque il potere dell'imprenditore dentro e fuori l'impresa ad essere messo in discussione.

Gli inizi del 1919 vedono gli industriali accogliere senza eccessive opposizioni le richieste sindacali per le otto ore, i minimi di salario, il riconoscimento delle commissioni interne. In effetti la rinuncia da parte del sindacato operaio, e della Fiom in particolare, a ogni pregiudiziale nei confronti di interventi tayloristici quale contropartita ai miglioramenti salariali e normativi ottenuti, favorisce le aziende a ciclo continuo come la

Fiat. Se dunque, anche per la congiuntura ancora favorevole, gli industriali non respingono le rivendicazioni tollerabili a certe condizioni, malgrado le resistenze di alcuni, piccoli e medi, represse da Olivetti in seno alla Confindustria, che non a caso qualifica la sua azione soprattutto sul versante sindacale, ben diverso è il loro atteggiamento nei confronti del problema definito dallo stesso Olivetti del «potere nelle fabbriche».

La costituzione dei consigli di fabbrica con funzioni anche di controllo, che si chiede venga riconosciuto in sede contrattuale, è giudicata una minaccia decisiva per la proprietà e per la direzione delle imprese, e agevola l'affermarsi di una intransigente volontà comune tra gli imprenditori e la Confindustria, a parte le diverse valutazioni tattiche su come respingere l'attacco operaio e le tensioni ancora forti tra i grandi gruppi anche in relazione agli scontri per il controllo delle banche. A ricompattare il fronte imprenditoriale contribuiscono inoltre i progetti di legge del governo Giolitti sulla nominatività dei titoli e sull'avocazione allo Stato dei profitti di guerra, e l'iniziativa di un'inchiesta parlamentare sui contratti del periodo bellico. Si tratta di provvedimenti destinati a colpire tutti i settori produttivi, e pertanto unanime è la decisione di opporvisi con fermezza mentre cresce il distacco critico da Giolitti, che si esaspera a seguito della soluzione di accordo proposta dal presidente del Consiglio dei ministri, ma in realtà definita da Olivetti e Conti, per la vertenza culminata con l'occupazione delle fabbriche del settembre 1920. Manca la capacità, presente solo in alcuni tra gli industriali e dirigenti più avveduti, di valutare la conclusione della vertenza per quello che è di fatto, una resa operaia, in quanto il problema del controllo delle imprese viene demandato a una commissione paritetica dai tempi indefiniti e la pressione dei lavoratori non ha trovato un rapido sbocco positivo, generando sconforto e stanchezza. L'esito della vertenza, ritenuto invece da molti imprenditori un cedimento di fronte alla spinta rivoluzionaria – almeno così viene valutata – non attenua i contrasti tra i grandi gruppi sul decreto governativo per il controllo, ricalcante la proposta di Giolitti, approvato dalla Confindustria a scarsa maggioranza, anzi fomenta preoccupazioni e atteggiamenti di rivalsa tra gli industriali, colpiti dalla radicalità delle rivendicazioni e delle forme di lotta.

La pesante crisi di sovraproduzione che investe l'economia mondiale nel dopoguerra ha gravi effetti sull'apparato industriale italiano nel 1921, segnato da un forte calo della produzione e dalla caduta dei prezzi e dei titoli. Esplode la crisi di alcuni grandi gruppi gonfiatisi durante la guerra oltre ogni prudenza, l'Ansaldo e l'Ilva, mentre crolla la Banca italiana di sconto legata al gruppo Perrone. In questa situazione di difficoltà per le aziende, peraltro già in via di superamento nel corso del 1922, negli ambienti imprenditoriali si punta a una più stretta sintonia tra industria e Stato, si guarda con attenzione a referenti politici che propongono di affrontare la crisi in sostegno agli interessi dell'industria e si battono contro le misure giolittiane e il movimento operaio e sindacale, contro socialisti, comunisti e cattolici più combattivi, all'insegna dell'ordine e di un governo forte. Anche per una parte crescente degli industriali si accentua così l'interesse e aumentano i finanziamenti per il movimento fascista di Mussolini, costituito nel marzo del 1919 e divenuto partito nel novembre 1921.

Dall'inverno 1919-20, da quando il programma dei Fasci abbandona le iniziali posizioni radicali e socialrivoluzionarie per un programma economico di impostazione liberista e tecnocratica, e a maggior ragione dall'autunno 1920, da quando la violenza organizzata delle squadre armate fasciste foraggiate dagli agrari si diffonde in Emilia e in Toscana per raggiungere le città operaie del Nord, e colpisce militanti e sedi cooperative, sindacali e politiche, senza risparmiare i municipi governati da socialcomunisti, il *ralliement* degli industriali a Mussolini si fa meno episodico e indeciso. Le dichiarazioni di grandi imprenditori di apprezzamento per Mussolini e il fascismo si moltiplicano, i quotidiani vicini ai diversi gruppi imprenditoriali assumono posizioni di neutrale considerazione se non di aperto sostegno al movimento ormai schierato in funzione antisocialista. Ma non è solo il suo concreto operare in una direzione gradita a buona parte degli imprenditori dell'industria a incidere nel catturarne l'interesse e per diversi la militanza, se gli industriali iscritti ai Fasci alla fine del 1921 sono 4.269, pochi sul totale (2,81 per cento) ma forse non altrettanto se messi a confronto delle dimensioni di una classe sociale tradizionalmente restìa all'impegno politico personale diretto. Attira anche del fascismo la rapida crescita a movimento di massa, che passa da 20.165 iscritti nel dicembre 1920 a ben 322.310 meno di due anni dopo, nel maggio 1922, quando la punta massima per il Partito socialista è di 208.522 iscritti, raggiunta nel 1920. E presso gli industriali come in altri settori borghesi della società, questo movimento – legato a un quotidiano, «Il Popolo d'Italia», che fin dall'agosto 1918 ha significativamente sostituito il sottotitolo «quotidiano socialista» con quello di «quotidiano dei combattenti e dei produttori» – esercita un fascino indotto altresì dalla sua ripresa della contrapposizione di matrice nazionalista tra le due Italie.

Torna il richiamo alla riscossa dell'Italia sana, rappresentata da quella borghesia che si legittima alla guida del paese in quanto espressione di chi produce e crea ricchezza per far grande la nazione. Un richiamo proposto adesso da parte di una forza «nazionale» strutturata e militante che si batte non solo con l'uso scritto e orale delle parole e dei simboli della politica ma anche con l'applicazione consapevole e organizzata della violenza. E all'azione si lega il programma, in assoluta sintonia con l'Alleanza economica parlamentare – un gruppo, presieduto da Gino Olivetti, comprendente imprenditori e agrari insieme ad alcuni fascisti e rappresentativo delle posizioni degli industriali – che presenta nel giugno 1922 un programma centrato sulla riduzione delle spese statali e la rinuncia da parte dello Stato ad «ogni funzione non strettamente necessaria».

Siamo a ridosso della marcia su Roma e a Milano si susseguono i contatti tra imprenditori di primo piano della Confindustria, alte autorità come il prefetto Lusignoli e lo stesso Mussolini. Le perplessità espresse da parte confindustriale non sono di sostanza ma riguardano una dilatazione della violenza portata alle estreme conseguenze, dagli esiti imprevedibili anche per gli imprenditori, preoccupati inoltre per la scarsa rappresentatività dei sindacati fascisti presso i lavoratori. Del resto si punta a un governo di coalizione, come è il primo governo Mussolini, salutato con entusiasmo dalla Confindustria, e si è ancora ben lontani da ipotizzare l'esito definitivo, in chiave dittatoriale, del fascismo. L'obiettivo è di «normalizzarlo», dopo averlo usato come arma contro i socialisti, in piena sintonia con un sentire diffuso nel mondo politico italiano antisocialista e tra i liberali di diversa connotazione. Sta di fatto che in questa e in altre congiunture decisive per i destini del paese, gli imprenditori industriali, attraverso la Confindustria, non vanno oltre i richiami alla cautela e alla prudenza, non esprimono mai una chiara e netta condanna del fascismo, che sarebbe stata di evidente rilevanza dato il cospicuo sostegno economico che al Partito fascista proviene da quella parte di società, oltre che dalla borghesia agraria. Come per le elezioni del 1924, ormai viziate dalla dilagante violenza fascista e dai brogli elettorali denunciati dal deputato socialista Matteotti, che paga il coraggio con la vita, ucciso da uomini vicini allo stesso Mussolini. Nell'occasione la Confindustria – che vede eletti nel listone governativo il suo presidente Benni e il segretario generale Olivetti – stipula un accordo con Mussolini per la raccolta di fondi elettorali sulla base di un versamento del 3 per cento del capitale sociale per azienda o di venti lire per dipendente nel caso di aziende di cui non sia noto il capitale. E anche nella crisi successiva al delitto Matteotti, che mette il fascismo in gravi difficoltà, la Confindustria si limita a riaffermare il rispetto della libertà di organizzazione, con un atto perfettamente inserito nella logica di «normalizzazione» del fascismo e spiegabile nella riluttanza a tollerare lo squadrismo più avventuristico, di ostacolo al normale andamento della produzione. Nessuna condanna aperta del fascismo proprio quando la posta in gioco si fa più alta, come dimostra la mossa di Mussolini nell'annunciare di lì a pochi mesi, nel gennaio 1925, e nel realizzare nel giro di due anni la costruzione di un regime politico dittatoriale e totalitario.

Del resto già dalla fine del 1922 i governi Mussolini, con il decisivo intervento del ministro delle Finanze, il liberista De Stefani, non hanno mancato di aderire alle richieste degli industriali. Abrogazione della nominatività dei titoli e delle azioni, privatizzazione della telefonia e delle assicurazioni sulla vita, fine dell'Inchiesta parlamentare sull'accumulazione dei profitti illeciti di guerra, salvataggio del Banco di Roma e dell'Ansaldo, abolizione e riduzioni di imposte gravanti sulle imprese, rese esenti dalla nuova imposta progressiva sul reddito, e sui proventi di dirigenti e amministratori di società anonime, sussidi e agevolazioni creditizie per le aziende impegnate all'export, rinuncia a qualsiasi progetto di intervento pubblico sullo sfruttamento delle risorse idriche utilizzate dai grandi gruppi elettrici, abolizione del ministero del Lavoro e del benessere sociale, drastica riduzione della spesa pubblica, anche tramite licenziamenti, blocco delle assunzioni e controllo degli stipendi al fine di raggiungere il pareggio di bilancio, sono alcuni tra i provvedimenti assunti a palese sostegno del sistema imprenditoriale.

Ma anche altri interventi indiretti e tuttavia decisivi delle autorità di governo, con il personale intervento di Mussolini ad emarginare le componenti del fascismo più aggressive in chiave sindacalista, ottengono risultati di indubbia efficacia a favore degli imprenditori. Già l'azione violenta e distruttrice contro il sindacalismo di matrice socialcomunista e cattolica ha il risultato di attenuare drasticamente il costo del lavoro per le aziende, che riprendono il controllo dell'organizzazione del lavoro. Inoltre l'accordo di Palazzo Chigi del dicembre 1923 assesta un primo duro colpo alle pressioni di Edmondo Rossoni, leader del sindacalismo fascista, per l'adozione di un corporativismo integrale in cui si sciolgano le organizzazioni di rappresentanza degli interessi, in quanto ne conferma al contrario l'autonomia organizzativa, cara alla Confindustria. Due anni dopo, nell'ottobre 1925, il patto di Palazzo Vidoni, mentre garantisce l'autonomia della Confindustria non prevedendo un'unica corporazione di datori di lavoro e lavoratori, decide il reciproco riconoscimento della Confederazione delle corporazioni sindacali di Rossoni e della Confindustria quali rappresentanti esclusive delle parti, unici sindacati riconosciuti ufficialmente e pertanto autorizzati a stipulare i contratti di lavoro, con la messa al bando di ogni altra organizzazione sindacale e l'eliminazione delle commissioni interne. Né si fa alcun riferimento ai fiduciari di fabbrica richiesti dal sindacato fascista ma avversati dagli industriali per non ripristinare forme di controllo operaio nelle fabbriche. La legge Rocco di riforma sindacale dell'aprile 1926, che fa propri i contenuti del patto, se istituisce la Magistratura del lavoro e l'arbitrato obbligatorio nelle vertenze non definite dal contratto collettivo di lavoro, peraltro dopo un riesame preliminare da parte delle associazioni sindacali, sopprime il diritto di sciopero e non riconosce giuridicamente le corporazioni miste. Anche la Carta del lavoro, varata l'anno dopo, tiene conto delle esigenze espresse dalla Confindustria, che nel settembre 1926 viene riconosciuta dal governo quale organizzazione esclusiva degli imprenditori dell'industria. Si sancisce così il monopolio della rappresentanza da parte di un'associazione guidata dai grandi industriali su un sistema produttivo ricco di piccole imprese, obbligate a iscriversi alla Confederazione se hanno più di cinque dipendenti. Al contrario, di lì a due anni, la controparte sindacale deve subire lo «sbloccamento» della Confederazione generale dei sindacati fascisti, smembrata in sei federazioni autonome, con il risultato di accentuarne la debolezza a confronto della Confindustria e la dipendenza dal potere del governo e del partito, e di mettere fine alle tentazioni di corporativismo integrale, anche tramite il contemporaneo siluramento di Rossoni.

La Confindustria esce in posizioni di forza dalla nuova istituzionalizzazione, definita dal fascismo, delle relazioni sindacali e della contrattazione, e più in generale del rapporto tra potere pubblico e privato. È l'associazione più potente sia a confronto con le altre organizzazioni imprenditoriali che con il sindacato, a maggior ragione in quanto diretta dai propri funzionari, responsabili verso i vertici dell'organizzazione ovvero verso gli imprenditori, al contrario dei funzionari sindacali, nominati dal partito e non dai lavoratori.

La crescente influenza degli imprenditori sull'azione di governo è altresì testimoniata dagli uomini a loro favorevoli in posizioni chiave a livello di governo, come Costanzo Ciano al neocostituito e delicato ministero delle Comunicazioni, e Orso Mario Corbino al nuovo potente ministero dell'Economia nazionale che ne raggruppa tre prima separati, unificando le competenze in materia di agricoltura, commercio, lavoro e benessere sociale. E inoltre aumenta la già forte rappresentanza degli industriali nel Consiglio superiore del lavoro, mentre dei 45 eletti al Consiglio superiore dell'economia nazionale due terzi sono uomini d'affari e i rappresentanti dei lavoratori non vanno oltre nove membri, relegati alla sola sezione del lavoro e del benessere sociale. Le altre decisive sezioni – industria, agricoltura e foreste, commercio, credito e assicurazioni – sono controllate dai delegati degli imprenditori. E quando, nei primi mesi del 1925, esplodono forti tensioni inflazionistiche, generate da un incontrollato aumento della liquidità e da crescenti deficit della bilancia dei pagamenti, e De Stefani interviene contro la speculazione in borsa e limita il credito interno, provocando un tracollo dei corsi azionari e vari fallimenti, le forti critiche degli ambienti industriali spingono Mussolini a sostituirlo al ministero delle Finanze con

Giuseppe Volpi, imprenditore e finanziere, ovvero con un rappresentante di primo piano dell'industria, coadiuvato al ministero dell'Economia nazionale da Giuseppe Belluzzo, anch'egli vicino agli imprenditori.

Fino a quel momento la politica economico-sindacale dei governi Mussolini tra il 1922 e il 1926, in sintonia con un trend positivo dell'economia internazionale, è tra i fattori di una fase tra le più espansive dell'economia italiana postunitaria. Nel 1925 la crescita del valore della produzione industriale, trainata dalle esportazioni, risulta pari a dieci volte il 1914, con un saggio di incremento più elevato di quello dei principali paesi europei, fino a coprire il 36,3 per cento del prodotto interno lordo, cresciuto del 3,8 per cento annuo, contro il 26,7 per cento del 1921, ma con una caduta dell'indice dei salari medi reali – pari a 100 nel 1913 – da 123,6 nel 1922 a 111,5 nel 1926. Una fase di rallentamento si apre con la drastica rivalutazione della lira a «quota novanta» nel rapporto con la sterlina, voluta da Mussolini nel dicembre 1927 per varie ragioni di natura politica – ottenere prestigio internazionale e consenso della piccola e media borghesia – e in funzione della stabilizzazione monetaria, per meno instabili rapporti di cambio tramite il rientro della lira nel *gold standard* e per linee di prestito dagli Usa all'Italia. Sebbene accompagnata da un abbassamento dei salari e degli oneri fiscali per le imprese, da una crescita della protezione doganale, e dalla mancata adozione da parte di Volpi di una politica di inasprimento fiscale verso i redditi più elevati, la rivalutazione così alta e la restrizione del credito non mancano di suscitare reazioni critiche di alcuni settori industriali più legati all'export, come il meccanico, il tessile e le fibre artificiali. La pur elevata sintonia di fondo, «ministeriale», tra gli industriali e il fascismo di Mussolini, non esclude momenti e ragioni di tensione, innescati dalle peculiari esigenze della politica, cui il capo del fascismo attribuisce priorità assoluta, non tali però da incrinare un rapporto consensuale almeno nella sostanza delle questioni di fondo.

3. *Forti in un'economia mista*

Gli effetti della «grande crisi» del 1929 colpiscono il sistema economico e imprenditoriale italiano con un certo ritardo e senza effetti immediati rilevanti su un'economia già non brillante. Ma tra la fine del 1931 e i primi mesi del 1932 anche l'Italia entra in una fase di grave depressione confermata dagli indicatori ufficiali. Svalutazione media del 40 per cento dei titoli azionari, caduta verticale dei prezzi dall'indice 102 nel 1929 a 75 nel 1933, mentre negli stessi anni il commercio estero si riduce di due terzi, da 35.600 a 13.000 milioni, aumento della disoccupazione e calo dei salari e dei consumi. Solo nel 1936 il reddito nazionale risale ai livelli peraltro non eccezionali del 1929.

Sono però le stesse strutture fondamentali del sistema a rischiare il tracollo, evitato con un'operazione di salvataggio non temporanea, in quanto crea un sistema di economia mista, destinato a durare a lungo, dove lo Stato, adesso banchiere e imprenditore, acquisisce un peso e poteri rilevanti e inediti. La costituzione dell'Istituto per la ricostruzione industriale nel 1933, un ente di diritto pubblico che controlla per conto dello Stato parte delle imprese industriali e dei servizi in settori strategici e delle banche – in particolare le ex banche miste, la Commerciale, il Credito italiano, il Banco di Roma ricondotte al solo credito ordinario –, la fondazione dell'Istituto mobiliare italiano con il compito di finanziare a medio e lungo termine le imprese, la riforma bancaria, i nuovi poteri di controllo affidati alla Banca d'Italia, sono tra gli assi portanti di un intervento di notevole respiro, progettato e condotto da un ristretto gruppo di uomini che non sono diretta espressione del regime fascista né tanto meno contrastano frontalmente il grande capitale privato cui anzi sono legati da stretti vincoli. Da Beneduce a Menichella, gli esponenti di primo piano di queste «burocrazie parallele» si mantengono al di fuori delle strutture corporative del regime, non se ne lasciano condizionare, difendono l'autonomia operativa del nuovo settore di Stato, dialogano piuttosto con i grandi imprenditori privati che trovano così garanzie e rassicurazioni importanti sul fatto che i nuovi poteri pubblici non ostacolino, anzi integrino e sostengano l'iniziativa privata, al di là di frizioni e scontri pure verificatisi, come in occasione della resistenza vincente di Beneduce alle mire della Montecatini sulla Terni, della Fiat sull'Alfa Romeo, di una cordata piemontese capeggiata da Agnelli sulla Sip.

Lo Stato fascista è ben lontano nella sostanza da un intervento regolatore e programmatore nell'economia tale da incidere sulla proprietà privata, da vincolarne in maniera cogente scelte e comportamenti ad obiettivi di carattere generale, in grado di poter condizionare i meccanismi fondamentali di un'economia capitalistica come quella italiana. Il corporativismo e l'autarchia degli anni trenta non realizzano infatti la terza via fascista tra capitalismo e socialismo, malgrado alcuni settori e uomini del regime siano seriamente favorevoli a un corporativismo proprietario e regolatore. La discrasia tra come il fascismo presenta le scelte e gli istituti del periodo e la concretezza del loro operare è ampia, non consente di individuare una specifica «economia fascista», anche perché pratiche simili sono assunte dagli altri paesi occidentali nel contesto delle difese approntate contro il dilagare della crisi. Progettualità e capacità di realizzazione si rivelano modeste, manca al regime – ma anche al capitalismo italiano – una concreta proposta di rilancio, di innovazione e sviluppo per il paese, al di là di singole iniziative e di imprenditori che rimangono isolati in una vicenda rapidamente segnata ancora una volta dalla guerra, e da una guerra disastrosa per l'Italia. Ciò non toglie che le strutture e le pratiche dello Stato corporativo e autarchico non siano riconducibili a mera apparenza priva di qualsiasi effetto. In realtà offrono la cornice e meccanismi nuovi di intervento cui sono comunque richiamati i comportamenti delle forze economiche e sociali in campo, con effetti di un certo peso su strutture ed equilibri di potere, su interessi coinvolti, su mentalità e aspettative degli imprenditori, anche nei confronti dello stesso regime e del suo capo.

Quando le ventidue corporazioni vengono istituite, nel 1934, sono articolate per grandi rami di produzione e composte da un numero pari di rappresentanti dei datori di lavoro e dei lavoratori, designati dalle associazioni sindacali, e da alcuni esponenti del Partito nazionale fascista, e già recano il segno del discreto ma efficace intervento imprenditoriale teso a limitarne i poteri di controllo sul sistema produttivo. Hanno funzioni consultive, devono rispettare le prerogative del Parlamento e non scalfiscono l'ambito sindacale rimasto di competenza delle organizzazioni di categoria. E in relazione al loro compito principale di promuovere la cooperazione tra i vari settori perché il «complesso della produzione [sia] unitario dal punto di vista nazionale», gli industriali usano abilmente il principio corporativo dell'autodisciplina delle categorie quale essenza stessa di un nuovo sistema presentato come «un felice equilibrio fra l'atomismo e l'imprevedibilità delle economie a mercato libero e l'inefficienza burocratica dei sistemi centralizzati». In realtà l'autodisciplina si traduce nell'autonomia dei vari gruppi economici, di una oligarchia finanziario-industriale che si rafforza attraverso il sistema corporativo, mentre la burocrazia corporativa comunque inefficiente – compreso il ministero delle Corporazioni impossibilitato persino a condurre verifiche formali – viene relegata a un ruolo marginale, di ratifica a posteriori di decisioni assunte dai gruppi più potenti e organizzati, con la Confindustria nella veste di grande regista e mediatrice, sotto la presidenza di Volpi dal 1934 al 1943. Così accade per l'applicazione della legge sui consorzi obbligatori del 1932, diventati strumenti di autogoverno e di accordo tra i produttori su prezzi e quote di mercato e non soggetti di una ristrutturazione e programmazione di settore e tra i settori sotto la guida e il controllo dello Stato. Lo stesso avviene per la delicata politica delle «autorizzazioni industriali» cui sono sottoposti gli investimenti, ampiamente condizionata dalle decisioni confindustriali anche quando, nel 1937, il verdetto definitivo è attribuito alle corporazioni, e che si risolve non tanto in una razionalizzazione quanto in un controllo dall'alto della concorrenza e in una ulteriore concentrazione monopolistica.

Il totalitarismo del regime non si traduce dunque, sul versante della regolazione dell'economia, in una disciplina dei poteri privati da parte dello Stato in funzione dell'interesse pubblico. Come appare anche da un insieme di provvedimenti richiamati con la definizione politica di autarchia, che, al di là dell'uso propagandistico, emotivo, in chiave di autosufficienza nazionale, nasconde la realtà strutturale di un'economia povera di materie prime e di risorse energetiche fondamentali e pertanto destinata a compensare con le proprie capacità trasformatrici una dipendenza insopprimibile verso l'estero. I controlli sulle valute, sulle importazioni e sulle esportazioni, che vengono regolamentate, si uniscono all'inasprimento dei dazi, agli accordi bilaterali di compensazione per evitare scambi di valute, alla necessità di proteggere e sostenere un'economia debole in un quadro di pesante declino del commercio internazionale, anche attraverso la sperimentazione di nuove produzioni «nazionali» destinate a qualche successo. Una sorta di via obbligata, gestita da un altro uomo di formazione ed esperienza maturate in ambienti confindustriali come Felice Guarneri, ma che non si traduce nel supporto ad una programmazione economica guidata dallo Stato. I «piani autarchici» non vanno oltre la definizione dei fabbisogni, mentre nel forse unico caso di un piano, quello siderurgico, sorretto da un'iniziativa dell'industria statale con obiettivi di drastica e innovativa ristrutturazione di settore, i risultati sono ben al di sotto delle aspettative, tra forti resistenze private e difficili mediazioni tra gruppi industriali e referenti politici anche in sede corporativa.

Del resto è la spinta espansionistica e militare del regime – già dal 1935 con la guerra di Etiopia, seguita dalla partecipazione alla guerra di Spagna, e dall'occupazione dell'Albania, per arrivare all'intervento nel conflitto nel giugno 1940, dopo un anno di «non belligeranza» – a costituire la molla decisiva della ripresa economica nella seconda metà degli anni trenta, trainata dall'industria, che supera nel 1938 per la prima volta l'agricoltura nella formazione del prodotto interno lordo (34,2 per cento contro 29,4 per cento) e che porta nel 1939 il reddito nazionale a livelli record, recuperati solo a fine anni quaranta, dopo la guerra. Tuttavia, oltre a favorire alcuni settori come l'industria estrattiva e pesante, la chimica e l'elettrica con imprenditori come Motta, Cini, Donegani, e la grossa meccanica piuttosto che l'industria leggera – in particolare le produzioni di beni di consumo finale – la svolta bellicista del regime conferisce al rapporto tra imprenditori e fascismo aspetti nuovi e dagli importanti sviluppi. Intanto le esigenze di un bilancio dello Stato rivolto in misura crescente verso la spesa bellica fanno introdurre una serie di misure fiscali, di limitazione dei dividendi e degli aumenti di capitali, che colpiscono le imprese e suscitano reazioni negative da parte degli imprenditori, solo in parte compensati da provvedimenti amministrativi di tutela e dalla svalutazione della lira nell'ottobre 1936 con effetti positivi per gli esportatori. Inoltre il progressivo avvicinamento alla Germania, se risulta gradito a una parte della finanza e dell'industria tra Lombardia e Veneto, guidata da Volpi, suscita invece forte avversione in un'altra parte, con la Fiat in prima fila, tradizionalmente legata alle altre economie dei paesi democratici europei e agli Stati Uniti.

Né mancano diffuse perplessità negli ambienti imprenditoriali su un ingresso dell'Italia in guerra, malgrado gli iniziali successi militari dei tedeschi facciano credere anche a qualche grande industriale come Pirelli in una rapida conclusione dello scontro a loro favore. Sono note le considerevoli debolezze dell'apparato militare italiano, l'insufficiente mobilitazione di un apparato produttivo comunque fragile a confronto dei colossi in campo. Tuttavia, ancora una volta le perplessità non si traducono in una esplicita, ufficiale presa di posizione dell'imprenditoria italiana contro la guerra, che significherebbe la pubblica sconfessione dell'operato del Duce, ormai immerso in un'autoesaltazione militarista senza limiti, ovvero di quell'uomo politico, l'unico del fascismo, verso il quale gli industriali hanno mantenuto una solida fiducia – in alcuni casi sconfinata in una fascinazione laudatoria davvero sconcertante per uomini d'affari di ben altra freddezza e lucidità – tanto da essere in realtà convinti «mussoliniani» ma in genere tiepidi fascisti. E la sconfessione del Duce potrebbe aprire scenari ben diversi, e non altrettanto favorevoli, a partire dalla rottura del rapporto consensuale con il regime che proprio Mussolini ha garantito contro ogni pressione di matrice corporativo-sindacalista, pericolosa per l'autonomia e gli spazi di manovra degli imprenditori, e dei grandi in primo luogo.

4. *Equilibri del potere*

Nel periodo tra le due guerre il sistema imprenditoriale italiano registra alcune significative modificazioni nel contesto di una società in mutamento al di là dell'immagine unidirezionale che il fascismo ne costruisce attraverso il ferreo controllo dei mezzi di comunicazione di massa, diffusori delle parole d'ordine e dei valori di riferimento proposti dal regime agli italiani.

Mentre l'industria continua la sua crescita, superando le gravi difficoltà della «grande crisi», e in una certa seppur ancora contenuta misura si localizza oltre i tradizionali confini del Nord-Ovest, a correggere nel concreto delle trasformazioni in atto l'immagine ruralista coniata dal fascismo per l'Italia, e mentre l'urbanesimo procede senza soste per i processi di migrazione interna non contenuti dalle leggi introdotte contro la mobilità, nuove esperienze e componenti imprenditoriali si sommano a quelle già consolidate nell'arco di una vicenda secolare.

Nel contesto di interventi infrastrutturali di vario tipo a iniziativa statale e della diffusione territoriale dell'industria – come in Emilia l'industria motoristica legata all'espansione dei veicoli, pur modesta in valori assoluti; in Toscana, sulla costa adriatica e anche in Sicilia le imprese della chimica, e nei poli di sviluppo favoriti dalla legislazione *ad hoc*, a Bolzano, Ferrara, Apuania, Livorno, Palermo, Brindisi e in particolare Marghera – oltre e a fianco dei grandi gruppi imprenditoriali si mobilitano politici che diventano imprenditori. È il caso di Balbo a Ferrara, Ciano a Livorno, Rossini a Novara, Jung in Sicilia. Ma non rari sono anche i casi di imprenditori «a metà strada tra scambio politico e logiche di mercato»: Armenise tra Puglia e Roma, Orsi Mangelli a Forlì, Regazzoni a Bologna, Monti a Ravenna, e, sopra tutti, Volpi e Cini, abili nell'usare il proprio ruolo politico e le coperture corporative per costruire grandi fortune personali, in particolare nelle operazioni legate al polo di Porto Marghera. Non senza che sotto le etichette totalitarie del corporativismo e dell'autarchia si dilatino clientelismo, corruzione, spinte extraistituzionali a livello locale e centrale di ras piccoli e grandi del fascismo e del notabilato tradizionale in appoggio a imprenditori di varia consistenza e affidabilità.

Ma negli anni venti e trenta, tra protezionismo, autarchia e burocratismo diffuso, che non impediscono comunque processi di mobilitazione imprenditoriale, non manca altresì una sorta di «effetto serra» che, se fa sopravvivere artificiosamente settori obsoleti, sottopone altresì ad «allevamento forzato» esperienze promettenti anche nell'artigianato e nella piccola e media impresa in Emilia, in Toscana, come in aree complementari delle Marche e del Veneto, non sempre intrecciate agli interventi pubblici. Non è un'anticipazione al ventennio del decollo della «Terza Italia» nel Nord-Est-Centro, destinata a esplodere in una fase ben diversa per condizioni politiche e di mercato, tuttavia alcuni ancor fragili germi iniziano a radicarsi.

A livello invece della grande imprenditoria industriale, gli anni tra le due guerre sono segnati dal passaggio di mano nelle posizioni egemoni dal tradizionale asse centrato su banca mista, siderurgici e meccanica pesante, sgretolato dai colpi decisivi della «grande crisi», all'asse elettrici-Fiat-chimici e finanzieri milanesi. È l'assetto del capitalismo italiano destinato a rimanere tale nella sostanza per mezzo secolo, un capitalismo neofeudale, come lo descrive un grande imprenditore, Ettore Conti, proprio in quegli anni, con interi rami della produzione controllati da un uomo – Agnelli, Pirelli, Cini, Volpi, Falck, Donegani, Motta – cui si affiancano i nuovi borghesi di Stato, gli alti dirigenti dell'Iri, i manager delle finanziarie e delle imprese dell'arcipelago dell'industria e dei servizi a partecipazione statale.

È questa la nuova, ulteriore componente del sistema imprenditoriale italiano, destinata per vari aspetti a costituirne un elemento di forte specificità, connessa al nuovo ruolo assunto dallo Stato nell'economia a seguito dei gravi squilibri strutturali innescati dalla crisi del 1929. La costituzione di un ampio settore di proprietà e controllo statale attraverso un ente di diritto pubblico, l'Iri, e le sue finanziarie, formato da un insieme di imprese acquisite non attraverso nazionalizzazioni ma tramite passaggio di azioni dalle banche miste in crisi irreversibile, genera una nuova particolare situazione in cui le imprese di Stato, ma sovente senza il controllo assoluto da parte dell'Iri, si muovono nella sfera del diritto commerciale e societario privato, con regole e statuti analoghi alle altre aziende, ma in assenza o con minoritaria presenza della proprietà privata. La proprietà di Stato è rappresentata da élites politiche di governo interessate, quando non latitanti, a obiettivi e strategie non omologabili a quelle dell'imprenditore economico privato, e che in quel periodo – ma nella sostanza almeno fino agli anni cinquanta, pur in un contesto politico istituzionale profondamente mutato – finiscono per lasciare grande autonomia ai dirigenti dell'Iri, portato ad assumere il ruolo dell'azionista di riferimento piuttosto che di amministratore e a lasciare ampi margini di discrezionalità al management d'impresa. I dirigenti delle imprese di Stato – Beneduce, Menichella, Rocca, Sinigaglia, Reiss Romoli, Giordani tra gli altri – sono di origine e concezioni privatistiche, in quanto già impegnati nelle aziende entrate nell'orbita pubblica o provenienti da esperienze comunque private. Talvolta a fianco di imprenditori dalla significativa presenza azionaria e dirigenziale all'interno del nuovo sistema, diventano manager a pieno titolo sia per la grande autonomia direzionale e in quanto assumono funzioni imprenditoriali, nel contesto di una separazione tra proprietà e gestione d'impresa ancora lontana dall'affermarsi nel settore privato.

A conferma del modello italiano di capitalismo e della sua specifica evoluzione, per un paradosso solo apparente, una tecnostruttura manageriale, non priva di inclinazioni verso la pianificazione e la programmazione nei suoi gruppi più consapevoli, che richiama almeno in via teorica alla modernità del capitalismo manageriale statunitense, si forma in Italia prima e piuttosto nel settore pubblico che in quello privato, e per larga parte nell'ambito di un grande gruppo polisettoriale, sebbene ancora in attesa di acquisire un assetto organico e un'equilibrata e definita articolazione di poteri e funzioni tra imprese controllate, finanziarie e holding centrale.

Sul versante delle grandi imprese private non si determinano sostanziali mutamenti nella struttura organizzativa, rimasta fortemente centralizzata per una produzione a bassa diversificazione anche nelle aziende più dinamiche, tuttavia, pur all'insegna della continuità, si delinea un processo lento e misurabile a fatica, ma destinato ad ampliarsi nel tempo.

Infatti, se la struttura familiare prevalente nell'impresa italiana frena la crescita di un forte potere manageriale in confronto, ad esempio, di Germania e soprattutto Usa – dove il capitale è diffuso o comunque più distribuito, non controllato da un unico imprenditore sia figura individuale o gruppo familiare – ciò non toglie che il ristretto top management acquisisca lentamente anche in Italia posizioni di potere nelle grandi aziende pur senza disporre di rilevanti quote azionarie, contribuendo a definire i primi episodici tratti di un'originale forma di impresa «imprenditoriale-familiare-manageriale», come nel caso della Fiat, che avrà in seguito notevole espansione. I segnali del suo formarsi sono ancora fragili tra le due guerre ma non del tutto assenti: è il risultato comunque di pratica empirica e di circostanze di fatto, non il frutto dell'assimilazione di teorie di direzione e di impresa rimaste marginali sebbene già note presso istituzioni pubbliche e private e alcuni pionieri dell'organizzazione nell'Italia degli anni trenta. Nel contesto del regime fascista, in presenza di una variabile istituzionale repressiva a sostegno del potere monocratico e autoritario di imprenditori e dirigenti, anche le pratiche organizzative legate a esperienze di razionalizzazione tayloristica si connotano di aspetti coercitivi, e riducono a suggestioni quando non a mera giustificazione strumentale i richiami al fondamento scientifico dell'agire del management. Senza innescare sostanziali innovazioni nella specializzazione direttiva, i mutamenti tecnico-organizzativi nel contesto repressivo finiscono anzi per opporsi al cambiamento mentre incrinano la legittimazione del ruolo dirigente tradizionalmente fondata sul consenso all'autorità tecnica che esprime.

Ricostruzione e «miracolo»

1. *La riconquista della centralità*

Il divorzio tra imprenditori e fascismo si delinea tra l'inverno del 1942 e la primavera del 1943. Le sconfitte militari su tutti i fronti, i bombardamenti alleati sulle città del Nord, e soprattutto i grandi scioperi nelle fabbriche del Piemonte e della Lombardia nel marzo 1943, sono gli ormai evidenti aspetti di una realtà segnata dalla diffusa caduta di consenso verso il fascismo e da un'allarmante ripresa di mobilitazione operaia carica di contenuti classisti, dopo anni di stasi.

Lo stretto rapporto con Mussolini e con il fascismo diventa adesso un imbarazzante fardello, la crisi del regime può travolgere chi l'ha sostenuto e quindi si moltiplicano le iniziative per separare i destini dell'imprenditoria dai vecchi e ormai pericolosi partner politici. Donegani, Pirelli, Volpi si avvicinano agli Alleati per stabilire buoni rapporti prima che la dittatura sia travolta, e non mancano gli industriali, come il top management della Fiat, che danno sostegno al colpo di Stato del 25 luglio 1943, poco dopo lo sbarco alleato in Sicilia, che segna la fine politica di Mussolini. Non a caso durante i «quarantacinque giorni» tra il 25 luglio e l'8 settembre

1943, quando viene siglato l'armistizio con gli angloamericani, Giuseppe Mazzini, già presidente della Lega industriale torinese e commissario della Confindustria, è pronto a firmare con Bruno Buozzi, commissario dei sindacati dei lavoratori, poi trucidato dai nazisti, l'importante accordo per la ricostituzione ufficiale delle commissioni interne, al fine di ribadire l'immediata disponibilità degli imprenditori alla ripresa delle relazioni industriali con il movimento sindacale antifascista. E nei mesi successivi si moltiplicano i contatti con esponenti dell'antifascismo moderato e della Resistenza per evitare agli industriali più esposti con il fascismo i possibili pesanti effetti anche personali dell'azione operaia al momento dello scontro decisivo. Malgrado non manchino episodi di collaborazionismo con i tedeschi e i repubblichini, sono frequenti i casi di sostegno finanziario ed operativo delle imprese agli antifascisti, di copertura a uomini e azioni della Resistenza, di concrete iniziative di difesa degli impianti e delle maestranze contro trasferimenti e deportazioni da parte dei tedeschi. Ma il significato e l'obiettivo di questo avvicinamento agli Alleati, e agli americani in particolare, tramite canali mai interrotti da parte dei grandi gruppi, come anche alle componenti moderate dell'antifascismo, liberali e democristiani soprattutto, vanno oltre le pur drammatiche contingenze immediate, si propongono di mantenere in gioco gli imprenditori in una fase difficile e di condizionare in chiave moderata le scelte politiche ed economiche del dopoguerra.

Il fine prioritario degli industriali, del «quarto partito», per usare una nota espressione di De Gasperi, leader della Democrazia cristiana, è un processo di restaurazione economica con al centro un riequilibrio dei rapporti tra le classi sociali a proprio favore. E per questo trova immediata accoglienza il modello orientato in direzione liberista sostenuto dai liberali e da Luigi Einaudi, e avallato dai democristiani, che riserva ampia autonomia di azione alle imprese senza peraltro far mancare il sostegno dello Stato sia come finanziatore diretto e indiretto, sia come imprenditore ad alto rischio ed elevati costi collettivi nei settori di base a scarsa redditività. Interventi programmatori e di indirizzo pur moderato di impronta pubblica e matrice keynesiana, sostenuti dagli americani, quali si adottano in Francia, Inghilterra, Belgio, Olanda, sono osteggiati in quanto possono non solo e non tanto far pagare i costi della ricostruzione agli imprenditori, bensì redistribuire a favore dei lavoratori, delle loro organizzazioni sindacali e politiche, almeno parte del controllo delle leve decisionali del potere economico. Al contrario, un progetto che ha come nucleo centrale la libertà d'azione dell'impresa privata sul mercato dei prodotti e del lavoro, che anzi identifica in maniera rigida il benessere generale con la libertà d'impresa, acquisisce in quel momento difficile per la borghesia industriale il significato di una strategia senza alternative che compatta nell'immediato il fronte imprenditoriale. E inoltre fornisce un'immagine, una veste democratica, centrata sull'equazione tra libertà politiche e liberismo, atta a cancellare pesanti compromissioni con il passato regime e non priva di credibilità nel contesto dell'Italia repubblicana. Al sistema dei partiti si pone infatti in termini nuovi e non ignorabili il problema della conquista non autoritaria di un consenso di massa e al sistema delle imprese si impone la necessità di inserirsi in un quadro pluralistico di forze che riconosce legittimità all'autonomo articolarsi di relazioni e organizzazioni sindacali.

In questi primi anni della ricostruzione e alla luce di questi problemi la Confindustria rappresenta con efficacia gli imprenditori, che riesce a mantenere uniti almeno in funzione della tutela delle loro esigenze primarie così definite, come non accadrà di lì a poco su altre comunque decisive questioni. Il suo presidente, l'armatore genovese Angelo Costa, non compromesso con il fascismo, ben interpreta e rappresenta un elemento chiave della strategia del momento: fornire un'immagine essenzialmente tecnica e sindacale degli industriali e dell'organizzazione che ne rappresenta gli interessi, senza alcun impegno politico diretto, pur mantenendo stretti rapporti con gli organi burocratico-amministrativi dello Stato e con il governo attraverso l'intesa personale tra Costa e De Gasperi, e i finanziamenti alla stampa e ai partiti moderati distribuiti anche dalle imprese. Tramite il ripristino di una rigida contrattazione centralizzata, che pure garantisce risultati concreti di un certo rilievo per i lavoratori in un paese ridotto allo stremo, il non riconoscimento dei consigli di gestione e la sancita sebbene graduale libertà di licenziamento, Costa ottiene un rapido spostamento dei rapporti di forza a favore degli imprenditori, facilitati dalla scissione sindacale del 1948, che recuperano un forte controllo della forza lavoro e prevalgono sulle organizzazioni sindacali e politiche operaie, peraltro incapaci di cogliere le trasformazioni in atto, durante tutto il quindicennio successivo. La mediazione di Costa tra le varie componenti imprenditoriali – i settori più moderni legati all'export, gli elettrici milanesi a capo della potente Assolombarda, i siderurgici e i cementieri, la piccola e media industria – funziona in questa fase proprio perché tutela e fa prevalere l'interesse comune all'unità contro il movimento sindacale e i partiti socialista e comunista, con la primavera del 1947 esclusi dai governi De Gasperi in rapporti di buona sintonia con la Confindustria.

Fino al 1953, il periodo d'oro del potere confindustriale, il solo contrasto che pare incrinare il rapporto con il governo riguarda il commercio internazionale e la liberalizzazione degli scambi. La confederazione si dichiara contraria ma non è un'opposizione dovuta solo alla tutela dei gruppi fortemente protezionisti – come i potenti elettrici e zuccherieri, cui è fortemente legata – o non ancora concorrenziali all'estero, come la stessa industria automobilistica, che pure è in rapida ristrutturazione per essere competitiva. In realtà non manca un'intenzione strumentale, tesa a condizionare tempi e modalità del processo in atto e a ottenere sufficienti garanzie economiche.

Tuttavia, mano a mano che l'emergenza politica si attenua, i contrasti e le differenze tra gli imprenditori si ampliano. Negli anni successivi, tra il 1955 e il 1966, sotto la presidenza di due elettrici lombardi come Micheli e Cicogna, mentre si incrina il centrismo degasperiano e prende avvio l'esperienza del centrosinistra, la Confindustria non abbandona posizioni di rigido conservatorismo, vicina al Partito liberale e alle componenti moderate della Dc. Si schiera contro la riforma siderurgica della Finsider di Oscar Sinigaglia e la politica energetica centrata sul neocostituito Eni, e contro ogni modificazione del modello di relazioni industriali, che cambia comunque per il distacco delle aziende a partecipazione statale dalla Confindustria e per l'avvio della contrattazione integrativa a livello aziendale. La Confindustria non manca di contrapporsi all'industria di Stato, oggetto di una progressiva occupazione da parte della Dc, osteggia il centrosinistra almeno nei primi anni, condanna la nazionalizzazione dell'energia elettrica, ogni forma di programmazione e le ventilate misure in materia urbanistica. Sono posizioni che non trovano concordi i grandi gruppi alla guida del processo di rapido sviluppo in corso – il «miracolo economico» – siano privati come Fiat, Olivetti, Pirelli, o pubblici come Eni e Iri. Evidente è il loro progressivo distacco dalle scelte della leadership confindustriale fondata su un blocco milanese in progressivo declino a causa del distacco di Pirelli e di parte dei giovani industriali, e dello scontro tra Montecatini ed Edison, poi composto, per l'intenzione di quest'ultima di impegnarsi a fondo nel settore chimico. E se i dissidenti sono a lungo privi di una coerente ipotesi strategica generale di fronte ai gravi squilibri innescati nella società dal rapido, vorticoso e sregolato sviluppo a cavallo tra gli anni cinquanta e sessanta, si fa tuttavia strada la convinzione della necessità di un mutamento di indirizzi, individuato nell'esperimento di centrosinistra. I grandi gruppi privati mostrano di volersi muovere in modo autonomo dalla Confindustria, che vede ridursi il proprio peso politico e la rappresentatività del mondo imprenditoriale, mentre si schiera a sostegno della politica deflazionistica con cui i governi di centrosinistra, ormai lontani dall'iniziale tensione riformatrice, affrontano la crisi del 1964-65, recuperando così un rapporto meno precario con la Dc. E sembra uscire vittoriosa dai rinnovi contrattuali del 1966, quando Costa torna alla presidenza per rinsaldare i rapporti con il potere politico e riavvicinare i grandi gruppi. Ma il vuoto di strategia della Confindustria rimane. La tradizionale difesa della concorrenza e della libera iniziativa, dei valori di libertà, di proprietà e di autonomia d'impresa fatti rigidamente coincidere, si sposa a un liberalismo intollerante, a una strategia sindacale centrata su concessioni salariali non superiori alla produttività media del sistema e sul rifiuto rigido della contrattazione aziendale. Un vuoto di strategia, un rifiuto di rinnovamento, denunciato dagli imprenditori più dinamici, che coglie la Confindustria impreparata di fronte all'esplosione di conflittualità e di contestazione studentesca e soprattutto operaia a partire dal biennio 1968-69.

2. *Grandi e piccoli, privati e pubblici*

Esaurita la fase dell'emergenza e della ricostruzione postbellica, l'Italia vive nel giro di un quindicennio, dal 1948 al 1962 – ma in particolare tra il 1958 e il 1962, gli anni del boom – la più profonda trasformazione socioeconomica della sua storia contemporanea all'insegna di un'accelerazione rapida della crescita centrata sulla piena industrializzazione. Mentre il reddito pro capite segna un incremento medio annuo tra il 4,8 e il 5,8 per cento a seconda delle stime, superiore alla Francia e simile alla Germania, nei cui confronti riduce significativamente il divario, l'industria raggiunge il 41 per cento del prodotto interno lordo mentre l'agricoltura scende al 13 per cento. Gli investimenti fissi lordi passano al 25 per cento del Pil contro il 12-17 per cento di mezzo secolo prima, i consumi aumentano del 5,4 per cento l'anno, mentre i consumi di beni durevoli – auto, elettrodomestici, mobili, la cui domanda cresce del 10,9 per cento annuo e si sestuplica tra il 1948 e il 1960 – passano dal 2 all'8 per cento dei consumi totali.

Pur nell'ambito di una crescita notevole del mercato internazionale, ed europeo in particolare, di uno sviluppo delle economie industriali dell'Occidente senza analoghi riscontri nel passato, il caso italiano di crescita accelerata non può non suscitare stupita sorpresa – il «miracolo» – date le condizioni di partenza e l'immagine ancora diffusa di un'Italia mediterranea, agricolo-turistica, priva di energie tecniche e imprenditoriali. I fattori della crescita sono diversi e diversamente valutati: il sostegno americano, in particolare attraverso gli aiuti del piano Marshall, la domanda interna innescata in edilizia, comunicazioni e infrastrutture dalle diverse forme di intervento e sostegno da parte dello Stato, ma soprattutto nei consumi (cresciuti del 59,8 per cento tra il 1951 e il 1961, contro un aumento del reddito lordo del 78,3 per cento), ma anche la domanda estera, almeno tra il 1958 e il 1962, quando le esportazioni italiane passano da poco più del 2 al 4 per cento del commercio internazionale. La modesta dinamica salariale, decisamente inferiore all'incremento della produttività aumentata dell'84 per cento tra il 1953 e il 1961, in un periodo di forti investimenti in impianti nuovi o rinnovati, l'elevata disponibilità di manodopera, impossibilitata a rifiutare condizioni di lavoro sovente pesanti, e quindi anche un tasso di inflazione assai modesto, mediamente pari al 3 per cento tra il 1950 e il 1961, sono alla base di una crescita dei profitti di impresa tale da autofinanziare larga parte degli investimenti alla base di nuovi profitti, in una sorta di circolo virtuoso che si affianca agli altri fattori di sviluppo.

Essenziali sono però le energie imprenditoriali e manageriali messe in campo dagli enti e dalle imprese pubbliche e private, il cui ruolo è decisivo nel definire il modello italiano di capitalismo come si realizza in quegli anni.

Lo Stato rinunzia a un intervento programmatico, ad affidare responsabilità di indirizzo dell'economia all'amministrazione pubblica, di cui si evita una necessaria riforma modernizzatrice, e a regolare il gioco degli interessi in campo, del funzionamento dei mercati e dell'amministrazione, né avvia una politica riformatrice magari cauta ma decisa nel tentare di porre rimedio a storici e gravi squilibri territoriali e sociali, per obiettivi di stato sociale e di piena occupazione cui ricondurre i comportamenti delle forze di mercato. La scelta politica adottata consiste nell'affidare agli enti pubblici autonomi istituiti negli anni venti e trenta e di nuova costituzione il compito di indirizzare strategicamente il completamento dell'industrializzazione del paese, lasciando grande libertà d'azione a quadri imprenditoriali già sperimentati e di recente formazione, ma dalle indubbie capacità e dall'elevato senso della missione da compiere. Gli assi strategici dello sviluppo industriale del paese nei settori della siderurgia, dell'energia, delle reti di telecomunicazione, delle infrastrutture stradali e autostradali, sono definiti e gestiti dall'Iri e dalle sue finanziarie, e dall'Eni, istituito nel 1953, mentre l'intervento nel Sud viene affidato alla Cassa per il Mezzogiorno. La Banca d'Italia, rafforzata nelle funzioni di vigilanza e forte di una particolare autonomia, le banche di interesse nazionale di proprietà pubblica a garanzia della separazione tra banca e impresa sancita dalla legge del 1936, la neocostituita Mediobanca, sono gli altri strumenti che si affiancano agli enti pubblici autonomi impegnati a raccogliere, allocare e gestire con efficacia risorse decisive per la modernizzazione industriale necessaria in un contesto di progressiva liberalizzazione commerciale, sancita e rilanciata dalla nascita della Comunità economica europea nel 1957.

A questa imprenditorialità pubblica – che risponde ai nomi di Sinigaglia, Mattei, Menichella, Reiss Romoli, Mattioli, Giordani, Cuccia, Cenzato, Saraceno, Formentini, Manuelli tra gli altri – si affianca un'imprenditorialità privata nei settori più dinamici e protagonisti del «miracolo». In larga parte si tratta delle grandi imprese rafforzatesi durante il fascismo e operanti nei settori più legati al mercato internazionale e con uno sviluppo tecnologico già stabilizzato, nella produzione automobilistica – accanto alla Fiat di Valletta, Lancia e Alfa Romeo –, nella gomma come Pirelli, nelle fibre artificiali come Snia Viscosa, nella chimica e nella petrolchimica come Montecatini, nella meccanica leggera come Olivetti e, più legate al mercato nazionale, Italcementi, Falck, Italgas, Bombrini Parodi Delfino. Ma, a partire proprio dalla meccanica, vero settore leader della crescita industriale italiana, emergono nomi nuovi, accanto ad altri già noti, che diversificano la produzione sui prodotti di massa a basso costo e prezzi concorrenziali anche all'estero, dagli elettrodomestici – Zanussi, la Ignis di Borghi, Indesit e Candy – alle motociclette e scooter – Agusta e Piaggio – alle macchine da cucire – Necchi. Appartengono a una vasta schiera di industriali che si affacciano alle soglie dell'esperienza imprenditoriale negli anni del «miracolo», quando, come già durante il decollo in età giolittiana, ma con un'estensione territoriale oltre che quantitativa e una composizione del tutto inedite, il sistema si sviluppa e articola attraverso una straordinaria formazione di nuova imprenditorialità soprattutto piccola.

Resta aperta la questione delle ragioni che spiegano il fenomeno, che ci fanno capire perché migliaia di persone abbiano deciso, con elevata simultaneità, di cambiare il proprio modo di collocarsi in seno alla società, avviando nuove iniziative o ampliandone di già avviate. Certo le sollecitazioni imitative messe in moto dal successo di alcuni in condizioni generali favorevoli hanno costituito uno stimolo potente. Ma è probabile che molto abbia contato la particolare congiuntura psicologica di un paese uscito dalla guerra in forte arretratezza nella scala dello sviluppo, dopo anni di compressione forzata di energie pur presenti, in cui la cultura del lavoro come sacrificio e come orizzonte di vita può aver giustificato uno straordinario impegno immediato nella prospettiva di conquistare un benessere mai davvero conosciuto prima. A ben vedere uno *status* emotivo di gran lunga diverso da quello di altri paesi occidentali da tempo meglio piazzati nella scala dello sviluppo economico e sociale. Questa nuova piccola, piuttosto che media, imprenditorialità – sorretta anche da trasferimenti, agevolazioni, esenzioni da obblighi normativi, da una legislazione favorevole e scarsi controlli in materia fiscale, previdenziale e sanitaria a compensazione delle carenze del sistema finanziario e dei pubblici servizi – e il consolidamento dei grandi gruppi pubblici e privati determinano un'accentuata polarizzazione tra grande e piccola impresa, malgrado casi significativi di crescita e passaggio alla soglia della media impresa.

Ai primi anni settanta, nella piramide rappresentativa del sistema imprenditoriale italiano, escludendo le società a prevalente capitale straniero, la cima è costituita da tre grandi enti pubblici – Iri, Eni ed Enel – e da cinque, sei gruppi privati di notevoli dimensioni – Fiat, Montecatini Edison, Pirelli, Olivetti, Zanussi, Falck – seguiti a distanza da una decina di imprese medio-grandi e da una quarantina di aziende medie di nuova origine e sicuro interesse per livello di fatturato e concorrenzialità nel settore di competenza, mentre la base è formata da una miriade di aziende soprattutto piccole e piccolo-medie, distribuite sulle classi di ampiezza da 1 a 500 dipendenti.

Se le grandi firme private cresciute notevolmente in dimensioni sono in buona sostanza le stesse di mezzo secolo prima, e le pubbliche si sono ampliate con Eni ed

Enel, le imprese private medio-grandi, tradizionalmente carenti e ancora deboli nel sistema italiano, ma in particolare le piccole e piccolo-medie costituiscono il risultato di un ampio processo di mobilità sociale ascendente che porta alla formazione di una nuova borghesia industriale diffusa, di un ceto imprenditoriale sorto *ex novo* in varie riprese dagli anni cinquanta in poi. Nelle ormai saturate aree industriali del Nord-Ovest, con l'eccezione della Liguria, e soprattutto nel Centro-Nord-Est e Sud-Est, in Toscana, Emilia Romagna, Veneto, Friuli-Venezia Giulia, poi, negli anni ottanta, in Marche e Umbria, con insediamenti in Lazio, Abruzzo e Molise, Basilicata e Puglia, mezzadri, operai specializzati, artigiani, tecnici – locali ed ex emigrati – compongono una nuova inedita leva imprenditoriale di massa, che trova origine nelle classi subalterne, e richiama ad analoghe ma ben più ristrette esperienze a cavallo tra Otto e Novecento senza peraltro esserne erede.

In una società dinamicamente tesa allo sviluppo, e con diversi itinerari e approcci all'inedito traguardo, le capacità personali si legano al desiderio di autonomia e arricchimento, alla possibilità di mobilitare risorse lavorative estese alla famiglia allargata, si sostengono con le economie esterne offerte da contesti socioeconomici a scala locale particolarmente propizi, danno vita a quella piccola e media impresa che per diffusione e vitalità definisce un connotato strutturale ormai specifico del sistema imprenditoriale italiano.

Il processo è segnato nella fase ascendente del boom da una larga entrata di unità piccole e medie, accompagnata da una crescita e rapida mortalità di piccolissime, seguita da una fase di consolidamento e ristrutturazione nel corso degli anni sessanta, centrata soprattutto sulle aziende tra 10 e 50 addetti, ma con sostanziosi incrementi anche nelle classi fino a 500, mentre durante gli anni settanta la piccola e media impresa continua a diffondersi anche se con minor vigore e attraverso una tendenza alla crescita della piccola già esistente. La continuità e tenuta del processo indicano che già in queste fasi il protagonismo della piccola e media imprenditorialità non si spiega solo in quanto fattore trainato e dipendente dal dinamismo della grande impresa, come pure accade in settori a indotto e decentramento estesi, ma con l'autonoma capacità della piccola dimensione a cogliere opportunità di sviluppo per minori spese generali, maggiore flessibilità e più basso costo del lavoro prima nei settori tradizionali – legno, mobilio, tessile, alimentare, calzature, abbigliamento, meccanica – poi in settori innovativi – macchine utensili, impiantistica, strumenti e apparecchi di precisione – coprendo nicchie tralasciate dalla grande impresa, anche all'estero, dove l'industria italiana si avvia a occupare fette crescenti di mercato.

Quando il fenomeno, consolidato nella realtà, emerge in ritardo nella percezione e nell'analisi di economisti e sociologi, che saranno comunque i primi a prendere atto di questa «Terza Italia» industriale, a cavallo tra anni sessanta e settanta una nuova ampia generazione di fondatori si è quindi già installata nel sistema imprenditoriale italiano alle prese con mercati aperti, con una concorrenza internazionale prima quasi sconosciuta e con profondi mutamenti nella domanda e nelle tecnologie produttive. I fondatori della piccola e media impresa – ma certo anche cofondatori dell'Italia industriale contemporanea – definiscono una tipologia imprenditoriale caratterizzata da uno specifico profilo sociale e culturale: ostilità all'ingresso in borsa e all'incremento della dimensione d'impresa in nome di un maggior profitto per unità prodotta, scarsa istruzione, mentalità orientata al lavoro, alla produzione e alle vendite, all'accentramento di funzioni e comando, attenzione al risparmio di personale altamente qualificato e direttivo.

È un tipo di imprenditore di prima generazione che mostra di non avere molti elementi in comune con l'altra figura imprenditoriale presente e operativa nell'Italia della grande crescita, l'erede, chiamato a continuare esperienze imprenditoriali sovente di solida e lunga tradizione, e attivo nelle diverse articolazioni del sistema, ma piuttosto nella grande e media impresa, con un livello di istruzione più elevato e specifico e una mentalità più aperta, orientata allo sviluppo dell'azienda in rapporto al contesto in cui opera, meno contrario alla delega di funzioni ai manager anche per le maggiori dimensioni d'impresa.

Ma sia i fondatori nella piccola impresa che gli eredi nella grande hanno in comune un elemento destinato a non attenuarsi, il forte radicamento nella proprietà e nella direzione familiare d'impresa, il legame a valori e comportamenti che nella famiglia trovano origine, riferimento e legittimazione. Né potrebbe essere diversamente se a fine anni sessanta sulle 100 maggiori imprese operanti in Italia ben 54 sono società a controllo familiare e rappresentano la quasi totalità delle imprese private a capitale italiano del campione in quanto delle 100 imprese 39 sono straniere – di cui solo 8 a controllo familiare – e 3 statali.

La consistente presenza di società a controllo familiare è tra le cause della lentezza del processo comunque in corso nelle grandi imprese verso la diversificazione e la conseguente ma non inevitabile scelta a favore di una struttura multidivisionale – quasi sconosciuta in Italia al 1950 – in sostituzione della struttura funzionale o di holding, che continua tuttavia a persistere se nel 1970 la struttura multidivisionale risulta adottata dal 48 per cento delle 100 maggiori imprese e solo da 15 su 61 imprese a capitale italiano.

È in questi tipi di struttura che il management si trova a operare nelle grandi imprese a ridosso degli anni settanta. La cauta e poco estesa modernizzazione organizzativa non consente una rapida e larga attivazione di nuove funzioni manageriali né un forte decentramento di responsabilità decisionali che non siano solo operative. Non si realizza quindi nessuna «rivoluzione manageriale» verso la separazione del controllo dalla proprietà, da cui dipende il mandato fiduciario ricevuto dai dirigenti e che conserva solide e decisive posizioni di autorità e potere, anche se metodi gestionali via via più formalizzati facilitano una più chiara e netta delimitazione di responsabilità tra manager e proprietà.

La stratificazione interna del management delle grandi imprese ai primi anni settanta conferma la forte dicotomia tra una ristretta cerchia di dirigenti che prendono decisioni non programmate e innovative, con un'attenzione mirata prima a investimenti, produzione, espansione e ora anche a marketing e risultati di mercato, e una larga maggioranza di dirigenti che prendono decisioni operative di routine con ristretti margini di autonomia al fine di attuare scelte non solo assunte altrove ma di cui sovente non conoscono origine e motivazioni.

I continui richiami alla cultura manageriale americana non trovano di norma concrete applicazioni innovative e vengono sovente piegati a esigenze di rigida subordinazione della forza lavoro in chiave antisindacale, non si sedimentano in una diffusa consapevolezza e in conseguenti scelte concrete, anche se le pur limitate esperienze formative nei rari istituti predisposti, peraltro rapidamente ricondotti alle esigenze di routine, producono manager più sensibili al rinnovamento, comunque legato al ricambio generazionale e al mutare delle condizioni esterne all'azienda. Nelle imprese private continua a prevalere il tipo del manager tradizionale che interpreta l'attività direttiva come espressione dell'agire tecnico-amministrativo, erede del modello burocratico degli anni trenta, in funzione di controllo del personale, mentre rimane un'eccezione che conferma la regola il tipo del manager cooperativo di matrice olivettiana, legato all'esperienza di una delle poche realtà d'impresa consapevolmente coinvolte in processi di innovazione in rapporto all'ambiente sociale esterno.

È piuttosto nel particolare contesto delle partecipazioni statali – dove la proprietà pubblica lascia di fatto maggiore autonomia direzionale al management almeno prima dell'occupazione partitica – e soprattutto nell'Eni e in alcune imprese Iri come l'Italsider che l'innovazione tecnologico-organizzativa e la cultura manageriale di origine americana trovano un'accoglienza non solo formale e una meno episodica applicazione nell'ambito di una rilettura di matrice cristiana o socialista.

Del resto la compresenza nella stratificazione interna alla classe imprenditoriale di figure diverse con logiche comportamentali e di sviluppo dissimili, ma raramente contraddittorie e in sostanziale equilibrio senza gravi tensioni – come testimonia la solidale unità di comportamenti tra management e proprietà – costituisce un fattore essenziale del rapido sviluppo economico del dopoguerra e dell'affermazione di un sistema imprenditoriale meno fragile che riesce a superare la grave crisi degli anni settanta pur attraverso difficoltà e mutamenti.

3. *Un sistema oligarchico*

Ma le novità che il sistema imprenditoriale italiano registra nel contesto della «grande trasformazione» in atto nell'economia e nella società si affiancano ad aspetti di continuità destinati a durare nel tempo e a generare gravi punti di crisi del modello italiano di capitalismo come definito tra gli anni della ricostruzione e del «miracolo» economico.

In assenza di adeguati interventi legislativi in materia di regole di governo delle imprese, degli assetti proprietari e di controllo, di tutela dell'azionariato e della concorrenza, le imprese private si dotano di strumenti atti a garantire la stabilità del controllo delle società nelle mani consolidate dei ristretti nuclei di imprenditori, coadiuvati da manager, già in posizioni di forza ancorché sovente privi di forti quote del capitale azionario. Gruppi piramidali, catene azionarie chiuse, partecipazioni incrociate, utilizzo di deleghe di voto e di rigide norme statutarie nell'ambito di una consapevole carenza di informazioni per il piccolo azionista, reti di alleanze con presenze incrociate negli organi di governo di banche e imprese, delineano una concentrazione di interessi e di poteri incontrollata, in assenza di regole e di istituzioni che le facciano rispettare, tipica del capitalismo italiano. E con effetti particolari anche in rapporto alla società e alla politica, a partire dal delicato rapporto tra industria e stampa, cui è affidato dagli interessi industriali, che ne controllano larga parte, il ruolo di strumento di pressione lobbystica. Salvaguardato a garanzia della stabilità in una fase di crescita e di elevato autofinanziamento, quando il ricorso al mercato azionario sembra destinato a rimanere modesto anche per le caratteristiche dell'investitore italiano, questo particolare profilo élitario, oligarchico, del sistema imprenditoriale, oltre a mantenere una sostanziale continuità dell'assetto proprietario e manageriale di tutti i gruppi grandi e medi, ha effetti diversi a seconda dei casi. Sovente prevalgono quelli negativi sul versante della formazione e del dinamismo imprenditoriale e manageriale, in quanto tende a sclerotizzare posizioni di controllo e di rendita, costruite attraverso tecniche di ingegneria finanziaria senza verifiche di merito sui risultati operativi delle imprese, da ottenersi invece attraverso efficaci strategie imprenditoriali in rapporto con le mutate condizioni tecnologiche e di mercato, soggette a rapide trasformazioni già durante gli anni sessanta e nei decenni successivi.

Una tra le varie possibili conferme si trova nella vicenda disastrosa delle grandi imprese ex elettriche a seguito della nazionalizzazione dell'industria elettrica del 1962, una scelta di forte discontinuità con il passato che nasce dall'intenzione del governo di centrosinistra di fornire all'intervento dello Stato, che adesso si vuole programmatore, uno strumento nuovo di azione nel delicato e strategico settore della produzione e distribuzione di energia. Ma gli indennizzi attribuiti alle società e non ai singoli azionisti, oltre a confermare l'assenza di tutela dell'azionariato diffuso, non si trasformano in un'occasione di efficace e seria diversificazione industriale. Al contrario, favorite dalla nuova legislazione al riguardo e supervisionate da Cuccia in Mediobanca e da Carli alla Banca d'Italia, schierato «a difesa dell'esistenza della proprietà privata», le fusioni che seguono, tra Montecatini e Sade e tra Montecatini ed Edison nel 1965-66, gestite da manager cresciuti nell'esperienza del monopolio e non nel rapporto con il mercato come Faina e Valerio, e da imprenditori senza proprietà di azioni come Cini alla Sade, si risolvono nella creazione di un colosso abnorme, una conglomerata di una miriade di imprese nei settori più diversi. Manca una seria razionalizzazione, con gravi perdite generalizzate e mascherate da artifici contabili e con il progressivo degrado della chimica italiana, lontana dalle produzioni tecnologicamente più avanzate e redditizie che pure alcuni brevetti aziendali legati alle ricerche del premio Nobel Giulio Natta hanno fatto avviare negli anni precedenti. E lo stesso si può osservare per la Olivetti, caso in cui la difesa del controllo familiare dell'impresa e di una linea di continuità a tutela delle tradizionali grandi dinastie imprenditoriali e di chiusura al mercato azionario finiscono per allontanare l'impresa dai promettenti settori dell'informatica dove pure ha espresso per prima originali esperienze tecnologiche di avanguardia. Né mancano scalate avventurose consentite dall'assenza di regole del mercato mobiliare e dall'assoluta mancanza di trasparenza, che finiscono per coinvolgere il sistema bancario, dalle operazioni di Virgillito – senza successo sulla Pirelli ma vittoriose sulla Liquigas, poi ceduta a Ursini, e sulla Lanerossi, passata in pessime condizioni all'Iri – a quelle dell'imprenditore edile Giulio Riva sul Cotonificio Olcese.

Del resto gli anni sessanta, segnati dalla battuta di arresto del 1963-64 e dalla breve ripresa a partire dal 1966, al di là dell'andamento congiunturale, indicano una modificazione dei comportamenti imprenditoriali, in particolare nelle grandi società, alquanto significativa e tale da indebolirne la risposta alla grave crisi del decennio successivo. Gli investimenti industriali calano già a partire dal 1961, indirizzati non tanto a una crescita del contenuto tecnologico dei prodotti quanto a ristrutturazioni dei processi produttivi di tipo *labor sa-*

ving e ad acquisizioni esterne di attività sulla base di prevalenti motivazioni di natura finanziaria, piuttosto che di strategia industriale, in una prospettiva di conservazione, mentre cresce la presenza straniera nell'industria italiana. L'intervento delle multinazionali estere si fa massiccio in particolare in alcuni settori, come gli elettrodomestici – Aeg Telefunken, Philips, Bosch –, la farmaceutica – Dow Chemical, Ciba, Geigy – e l'alimentare – Unilever, Nestlé, Heinz.

Mentre le spinte programmatorie dei governi di centrosinistra rapidamente si stemperano in assenza di adeguati interventi di riforma, muta il ruolo degli enti pubblici autonomi, sottoposti adesso a più stretto controllo politico e subordinati alla contrattazione programmata tra Stato e imprenditoria privata attraverso la mediazione dei partiti di governo.

L'involuzione del sistema delle partecipazioni statali, che si avvia con i primi anni sessanta, avviene paradossalmente nel contesto di un rinnovato quadro normativo e istituzionale definito dalla seconda metà degli anni cinquanta, teso a fare del sistema pubblico lo strumento di una rinnovata e consapevole politica economica dello Stato, al fine di superare gli squilibri strutturali aggravatisi con la rapida crescita del periodo. La costituzione del ministero delle Partecipazioni statali nel 1956, con compiti non univoci, al tempo stesso di indirizzo e di vigilanza – e qui risiede la prima stortura normativa –, mal definiti e privi di potere esecutorio e di concreta sanzione nei confronti degli enti e società sottoposti, non ottiene alcun risultato concreto. Enti e società pubbliche conservano ampia autonomia di azione e conseguente totale irresponsabilità del management, anche quando, nel 1967, la funzione di indirizzo è affidata al Comitato interministeriale per la programmazione economica (Cipe). Inoltre le finalità del sistema pubblico vengono modificate in una direzione che favorisce l'influenza dei partiti di governo sulle scelte imprenditoriali. Dai vincoli a favore del Mezzogiorno nella localizzazione degli investimenti all'uscita dalla Confindustria delle imprese Iri ed Eni con la costituzione di Intersind e Asap per un'autonoma politica sindacale, gli obiettivi attribuiti alle imprese si allontanano dalla creazione di profitto e, in assenza di una efficace e cogente supervisione sul management, ne favoriscono la commistione con il potere politico aprendo la strada a un uso politico, non imprenditoriale, dell'impresa pubblica. A cavallo tra anni cinquanta e sessanta la moltiplicazione degli enti – Egam, Eagat, Efim nelle attività minerarie, termali, meccaniche e ferroviarie – si accompagna a una progressiva dilatazione, motivata da spinte politico-clientelari e sindacali, delle attività di salvataggio di imprese nei settori più disparati che vanno a infoltire i ranghi dell'Iri e dell'Eni indebolendone il profilo di gruppi polisettoriali razionalmente integrati e le qualità imprenditoriali dei manager o meglio, a questo punto, dei burocrati di diretta nomina partitica. E mentre si moltiplicano gli interventi dell'Iri al Sud, viziati da «fini politici» che contrastano serie strategie industriali, dal centro siderurgico di Taranto alle operazioni su Gioia Tauro, l'Eni, con la tragica e oscura morte di Mattei, attraversa una fase di indebolimento, quando, sotto la guida di Cefis, interviene nella disastrata Montedison. La degenerata osmosi tra governo delle imprese e governo della politica si traduce anche in trasferimenti di fondi «neri» dalle imprese ai partiti e a singoli uomini politici, in un progressivo degrado che comincia ad emergere alla luce del sole e dei tribunali, dalla vicenda Montedison agli scandali della gestione Einaudi all'Egam, costretto allo scioglimento nel 1977, e di Camillo Crociani, coinvolto nel giro delle tangenti Lockheed, dei primi anni settanta. Un degrado destinato a continuare per oltre un ventennio.

Dalla crisi alla svolta

1. *L'inizio della fine?*

Sono numerosi gli imprenditori italiani che nella prima metà degli anni settanta ritengono di partecipare da vittime senza speranza all'ultimo atto della vicenda secolare del capitalismo industriale italiano contemporaneo, mentre vedono sgretolarsi i pilastri stessi del sistema di impresa, della grande impresa, sotto i duri e multiformi colpi di una crisi economica e di una conflittualità sociale che pare senza sbocchi, destinata ad avvitarsi su se stessa senza soluzioni.

Corre voce che il più grande gruppo italiano, bandiera del capitalismo privato e tra i pochi di caratura internazionale, la Fiat, si avvii ad entrare nell'orbita statale, e Guido Carli, governatore della Banca d'Italia, di fronte all'ampiezza dell'indebitamento delle aziende, sovente tra il 60 e l'80 per cento delle attività, propone di convertire in azioni quote di finanziamento delle banche, ovvero una sorta di pubblicizzazione delle imprese, dal momento che larga parte dei grandi istituti finanziari sono di proprietà statale. In effetti la percezione diffusa della crisi, che si traduce in una consistente fuga di capitali e nel calo degli investimenti per una parte non trascurabile della borghesia imprenditoriale italiana, corrisponde alla realtà di una delle fasi più difficili e problematiche per gli imprenditori nella storia d'Italia. Forte è la duplice pressione di un'impennata dei costi esterni – il prezzo del petrolio quadruplica tra la fine del 1973 e l'inizio del 1974, seguito a ruota da varie materie prime – e dei costi interni – il reddito monetario pro capite da lavoro dipendente aumenta di 3,5 volte nell'industria tra il 1969 e il 1976, e cresce senza sosta il costo del denaro – mentre la produttività è ben lontana dal seguire l'incremento del costo della forza lavoro e non è possibile scaricare sui prezzi i costi tanto lievitati, pur in presenza di una forte inflazione, nel contesto di un rallentamento della domanda interna. I bilanci aziendali segnano così perdite ingenti, l'indebitamento si aggrava, la stessa sopravvivenza delle grandi imprese è a rischio.

La crisi è profonda anche a livello internazionale, sancita dalle difficoltà dell'economia statunitense, fino a quel momento locomotiva dell'Occidente avanzato. A fronte dell'eccesso di spesa pubblica e del disavanzo della bilancia commerciale, il dollaro svaluta nel 1971, quando ne viene dichiarata l'inconvertibilità in oro, e nel 1973. La dimensione profonda e articolata delle contraddizioni a livello internazionale è tale da mutare drasticamente le condizioni fondamentali di funzionamento dell'economia mondiale e da ridefinire in modo brutale la collocazione di un paese come l'Italia, il cui sistema decisionale politico-economico mette a nudo antichi problemi strutturali irrisolti e attraversa una crisi profonda, alla base di oscillazioni nelle direttrici di marcia ben più marcate che in altri paesi, come segnalano tutti gli indicatori economici.

Ma soprattutto pesa sugli imprenditori e sui manager una situazione generale, percepibile anche al di fuori delle aziende, caratterizzata da un'evidente caduta di consenso, dall'attacco non solo politico e verbale ma in vari casi fisico – come dimostra anche il terrorismo armato –, dal rapido deteriorarsi di un'immagine dell'imprenditore e dell'impresa quale motore centrale della crescita e del benessere che i successi del «miracolo» hanno in qualche misura costruito. Al di là di singole vicende personali e dinastiche, non può essere un caso che, durante gli anni settanta e ancora nel decennio successivo, numerose grandi e medie famiglie del capitalismo italiano soccombano a una selezione di tale durezza e dimensioni da far prevedere che possa coinvolgere anche le dinastie a capo di gruppi portanti dell'economia, con una messa in crisi verticale del sistema. Si ha quasi l'impressione di una nemesi generazionale a conferma della temuta «sindrome dei Buddenbrook», come se la famiglia stessa in quanto tipologia imprenditoriale abbia definitivamente esaurito il suo fondamentale compito storico, confermando la profezia managerialista di un declino irreversibile della proprietà a favore del management. Delle 100 maggiori imprese censite da Mediobanca nel 1968 ben 56 cambiano infatti proprietà e va considerato che, tra le rimanenti, ben 35 sono aziende pubbliche, mentre su 22 famiglie che controllano i 32 gruppi privati tra i primi 60, solo sette erano già presenti vent'anni prima. E a scorrere il lungo elenco di nomi scomparsi di fatto dal Gotha della grande e media imprenditoria italiana, o ridotti a un ruolo marginale, sostituiti dallo Stato o dall'aggressivo capitale straniero o in alcuni casi da altri gruppi privati, si notano numerosi tra i più conosciuti esponenti dei settori farmaceutico, tessile, metalmeccanico, alimentare, editoriale, chimico, edile, della distribuzione, da Zanussi a Borghi, Zambeletti, Campari, Cora, Alemagna, Borletti, Agusta, Bassetti, Bonomi, Olivetti, Monti, Piaggio, Dufour, Fassio, Ravano, Bruzzo, Gaslini, Rizzoli e Mondadori tra gli altri. Con interessi dislocati in aree diverse ma presenti in forze a Genova, peraltro da tempo in grave crisi di imprenditorialità, e soprattutto a Milano, che vede il tramonto di famiglie storiche dell'imprenditoria lombarda in sintonia con il declino del mito della «capitale morale» ed economica del paese. In realtà, di fronte alla sfida della crisi soccombe un modo tradizionale di concepire e praticare l'imprenditorialità, centrato sulla tutela rigida delle prerogative della proprietà familiare, contrario a rinunciare pur parzialmente al controllo totale delle imprese neppure quando il crescente indebitamento rischia di travolgerle.

Del resto anche sul fronte delle dinastie imprenditoriali che resistono le difficoltà sono pesanti, si intrecciano alla duplice necessità di drenare risorse finanziarie senza continuare a cadere sotto la morsa di un sistema bancario anch'esso allo stremo – nel 1978 le imprese pubbliche e private si trovano con 816 lire di debiti per ogni 1.000 lire di fatturato – e di avviare drastici processi di ristrutturazione organizzativa e industriale, le due indispensabili condizioni per evitare il tracollo degli assetti proprietari privati e forse il passaggio all'area pubblica. Le vicende delle grandi famiglie durante gli anni settanta sono percorse dal tentativo, realizzato dalla seconda metà del decennio, di raggiungere questi obiettivi tra notevoli ostacoli e resistenze. Agnelli, Pirelli, Orlando, Pesenti riescono a reggere alla crisi e a uscirne anche per il sostegno continuo dell'unica vera banca di affari italiana, Mediobanca, forte di solidi legami internazionali e di indubbia capacità tecnica sotto la guida di Enrico Cuccia. A garanzia della stabilità del capitalismo italiano centrata sulle grandi famiglie, gli interventi di

Mediobanca sono decisivi nel progettare architetture finanziarie adeguate, nel trovare nuovi soci e alleati, nel procurare capitali, nel definire strategie e valorizzare altre e preziose risorse imprenditoriali e manageriali da affiancare ai tradizionali nuclei forti dell'imprenditoria italiana contro l'invadenza del potere politico.

2. *Politica, mafia, corruzione, P2*

Se la crisi della grande imprenditoria privata è grave, altrettanto pesante è la situazione della componente pubblica. Innanzitutto sul versante finanziario, segnato da un indebitamento che sopravanza di parecchio quello già pesante delle imprese private. Al 1978 le imprese pubbliche denunciano oltre 1.100 lire di debiti per ogni 1.000 lire di fatturato contro le 613 delle imprese private, e nel caso dell'Iri l'indebitamento verso le banche costa quanto la metà del personale, dentro una spirale senza fine, se al cattivo andamento delle imprese anche in settori tradizionalmente redditizi si aggiunge la dilatazione di vincoli e compiti di natura assistenziale, sganciati da qualsiasi serio criterio di gestione d'impresa, e l'espansione continua delle imprese controllate sovente a fini di salvataggio di aziende e di sostegno ai grandi gruppi privati.

L'intreccio tra istanze politiche e industriali appare evidente in operazioni rivelatesi disastrose come l'Alfa Sud di Pomigliano o gli investimenti a Gioia Tauro e a Taranto per il raddoppio del centro siderurgico, e come l'acquisizione di aziende private da parte dell'Egam, arrivato a rilevare più di 100 società con oltre 33.000 addetti senza alcun disegno chiaro di politica industriale, e dell'Efim, con oltre 45.000 dipendenti a metà anni settanta, in un groviglio dissennato di aziende, dalla meccanica ferroviaria alle iniziative turistiche, dall'agricoltura alla produzione di vetro e alluminio. Neppure l'Eni si sottrae all'acquisto di impianti di raffinazione e distribuzione, non a caso ceduti da grandi imprese multinazionali a fronte della crisi di mercato, e soprattutto a rilevare le raffinerie del gruppo Monti in grave crisi finanziaria, al prezzo simbolico di una lira, ma con oltre mille miliardi di debiti.

L'assenza di un'efficace e autonoma strategia e di una guida industriale a livello di gruppo, il prevalere di una gestione aziendalistica priva di un serio coordinamento, si sposano al prepotere di una «borghesia di Stato» in forte espansione, legata da un intreccio perverso con uomini, partiti politici e correnti di partito, e pronta in varie occasioni a dirottare consistenti flussi di pubblico denaro in mani private. Girotti, Medugno, Calabria, Crociani, Mazzanti, Capanna, Mario Einaudi, e, con ben altra caratura, Eugenio Cefis, all'Iri come all'Eni e all'Egam, nelle finanziarie di settore come nelle grandi società, sono alcuni tra i top manager pubblici lottizzati dai partiti di governo che hanno segnato questa stagione, la meno felice, quando non oggetto di inchieste giudiziarie, della vicenda delle partecipazioni statali, destinata a prolungarsi nel decennio successivo, come emerso dalle indagini della magistratura legate al fenomeno della corruzione politica altrimenti definito di «Tangentopoli».

Il caso di Cefis è forse il più eclatante del particolare rapporto tra politici e manager pubblici come si dipana nel corso degli anni settanta. Legato a Fanfani e a potenti leader della corrente dorotea democristiana, da Rumor a Bisaglia a Piccoli, presidente dal 1962, alla morte di Mattei, dell'Eni, che ha trasformato in una struttura portante del potere democristiano, o meglio, delle sue componenti dorotee e fanfaniane. Nel 1968 inizia la scalata alla Montedison con risorse pubbliche dell'Eni e dell'Iri e ne diventa presidente dal 1971 al 1977, in sintonia con le strategie di Cuccia e Carli per il fragile gigante della chimica italiana in continua difficoltà. In effetti, mentre non si risolvono i problemi del settore e dell'impresa, la Montedison di Cefis diventa uno degli strumenti del disegno fanfaniano e doroteo di occupazione del potere e di controllo della società anche in chiave di arginamento e di contrasto a quei settori dello schieramento imprenditoriale più critici verso la gestione conservatrice del centrosinistra, imperniata nella Dc sulla segreteria Fanfani. In cambio la possibilità di attingere senza limiti al sistema bancario, di utilizzare le leggi di incentivo stravolgendone le finalità e di rifilare alle partecipazioni statali le aziende decotte del suo gruppo. L'operazione di conquista di quotidiani da parte della Montedison rientra a pieno titolo in questa impropria funzione di una grande impresa industriale. Il «Messaggero», il «Lombardo», il «Tempo Illustrato» ma soprattutto le operazioni sulla «Gazzetta del Popolo», per avere un punto di appoggio in chiave anti-Fiat a Torino, la pressione sul «Corriere della Sera» tramite il finanziamento a Rizzoli in combutta con gli uomini della P2 di Licio Gelli, il sostegno al «Giornale» di Montanelli, l'acquisto del «Tempo» sono al centro di operazioni nascoste, tramite prestanomi o all'estero salvo nel caso del «Messaggero», e lasciano traccia solo nella contabilità riservata, facendo percepire come la consolidata pratica dei «fondi neri» della gestione di Valerio si sia non solo mantenuta ma ampliata. Quando, nel 1977, Cefis lascia la Montedison e l'Italia, il bilancio del gruppo è talmente disastroso da richiedere il dimezzamento del capitale, come già accaduto alcuni anni prima, con un'ulteriore tosatura dei piccoli azionisti.

Del resto gli anni settanta sono anche segnati dalla pericolosa parabola di Michele Sindona, abile e spregiudicato banchiere forte di coperture politiche e di protezioni non politiche, dalla mafia al Vaticano alla massoneria, pronto alla violazione sistematica delle regole amministrative e contabili, del codice civile, della legge bancaria. Nel 1971 punta al controllo della Centrale – e vi riesce – e della Bastogi, della Banca nazionale dell'agricoltura, dell'Italcementi, ma qui incontra la resistenza di Ugo La Malfa e del governatore della Banca d'Italia, Guido Carli, sospettoso sulle origini delle ingenti risorse finanziarie del banchiere siciliano. Le ispezioni della Banca d'Italia negli istituti di Sindona, la Banca unione e la Banca privata finanziaria, offrono già esiti allarmanti, ma Carli non interviene sulle banche, non ne scioglie gli organi amministrativi. Troppo forti sono le coperture offerte a Sindona, definito da Giulio Andreotti a New York come il salvatore della lira, e Carli, in nome della stabilità, si limita a un esposto-denuncia alla magistratura. Negli anni successivi Sindona prosegue in attività spericolate, sempre gestite in rapporti ambigui quando non colposi con settori della politica e dei servizi segreti, come emerge anche dall'inchiesta sulla «Rosa dei venti», un'organizzazione clandestina golpista. Dal 1974 la sua situazione precipita, malgrado i sostegni del Banco di Roma di Ferdinando Ventriglia su spinta politica e la grande prudenza di Carli nel non sanzionare le banche di Sindona, anzi nel cercare di salvarlo. Solo nel settembre 1974 viene dichiarata la liquidazione. Si apre una fase drammatica con Sindona che aggancia Gelli, Umberto Ortolani, il generale Miceli, capo dei servizi segreti, Roberto Calvi del Banco ambrosiano – finito impiccato sotto un ponte di Londra nel 1982 – Gaetano Stammati, presidente della Comit, ovvero il giro della P2, che la magistratura di Roma definirà «nucleo ad altissimo potenziale criminogeno, versatilmente impegnato nella consumazione di eteroformi attività delittuose». La P2 è pronta a sostenere Sindona in tutti i modi, anche presso Andreotti, neopresidente del Consiglio, contro l'accoglimento della richiesta di estradizione dagli Stati Uniti emessa a suo carico, mentre la giustizia americana lo incrimina per la bancarotta della Franklin National Bank. A tentare di far chiarezza e giustizia rimangono solo alcuni magistrati milanesi e uomini della Banca d'Italia – in quel momento una delle rare isole di pulizia nel mondo economico e finanziario –, il nuovo governatore Paolo Baffi, Mario Sarcinelli, e il liquidatore della banca sindoniana, l'avvocato milanese Giorgio Ambrosoli. In risposta all'onestà e al coraggio della posizione assunta, Baffi viene incriminato e Sarcinelli arrestato dai giudici romani Alibrandi, Gallucci e Infelisi, con l'accusa di interessi privati in atti di ufficio e di favoreggiamento personale per i finanziamenti ottenuti dalla Sir di Nino Rovelli. Siamo nel marzo 1979. Il premio Nobel Franco Modigliani scrive di essere «talmente indignato che ho perso qualsiasi interesse per l'economia italiana», i nomi più brillanti della cultura economica, di ogni parte politica, firmano un manifesto a favore di Baffi e Sarcinelli, prosciolti solo due anni dopo, nel giugno 1981. Invece, poco dopo l'iniziativa della magistratura contro gli uomini della Banca d'Italia, l'11 luglio 1979, un killer venuto dagli Usa su incarico di Sindona uccide nel passo carraio di casa, nel centro di Milano, Giorgio Ambrosoli, l'avvocato onesto, un uomo moderato che si batte per la giustizia anche nell'economia e nella finanza, un «eroe borghese». Enrico Cuccia, il potente leader di Mediobanca, minacciato dallo stesso Sindona che si lascia sfuggire la sua intenzione di fare «scomparire» Ambrosoli, non lo ha avvisato, come gli sarebbe stato facile. Oggetto anch'egli di pressioni minatorie a carico suo e della famiglia, Cuccia ha preferito tacere[1]. Al funerale di Ambrosoli, accanto ai familiari, numerosi magistrati milanesi, tra cui Viola e Galati, il governatore Paolo Baffi, ma nessuna autorità di governo o in rappresentanza del governo.

Il degrado delle partecipazioni statali, l'infinita e catastrofica vicenda della Montedison, il drenaggio di risparmio privato per iniziative di sostegno e di salvataggio scarsamente motivate, i casi Cefis e Sindona pur diversi tra loro, l'infiltrazione della P2 e della mafia in ambienti economici e finanziari di primo piano, oltre che politici, e nei mezzi di comunicazione, sono alcuni tra i drammatici episodi, legati fra loro da trame ancora in parte oscure, in grado di gettare ombre inquietanti su una parte non trascurabile del sistema imprenditoriale italiano. E di condizionare, sia pur in maniera diversa ma a partire dalla carenza di risorse finanziarie altrimenti impiegate, le altre componenti, attive nella grande come nella piccola impresa, che rispondono positivamente alla crisi a partire dalla seconda metà degli anni settanta.

3. *Divisioni e risposte alla crisi*

Il sistema imprenditoriale si presenta in rapporto alla crisi degli anni settanta con profonde divisioni interne.

Per i comparti ad elevata occupazione – meccanica,

[1] Cfr. la sentenza-ordinanza del Tribunale di Milano a carico di Michele Sindona e altri, 17 luglio 1984, p. 183.

automobilistico, gomma – è di fondamentale importanza contenere la pressione salariale e recuperare il perduto controllo sulla forza lavoro negli stabilimenti. Accanto ai processi di ristrutturazione produttiva, non manca un interesse ad accordi con sindacato e governi, in grado di ottenere questi obiettivi in cambio di un sostegno a interventi di riforma in direzione modernizzatrice – «una serie di iniziative coraggiose e di rottura per eliminare i fenomeni più intollerabili di spreco e inefficienza», come dichiara Gianni Agnelli a Eugenio Scalfari – in modo da ridare efficienza alle imprese, che vedono i bilanci gravati dai costi indiretti di un'attrezzatura sociale carente.

Per i settori a scarso impiego di manodopera e alta intensità di investimenti come chimica e siderurgia, in buona parte controllati e sovvenzionati dallo Stato, ovvero per il blocco di forze coagulatosi attorno al settore petrolchimico, guidato dalla Montedison di Cefis vicino a Fanfani, con l'Eni di Girotti vicino ad Andreotti e Mancini, con Monti, Ursini e Rovelli – i due disastrosi casi di imprenditori nati all'ombra dello Stato – il problema della forza lavoro passa in secondo piano dinanzi a quello della disponibilità di ingenti mezzi finanziari. Per Cefis è necessario fruire del finanziamento pubblico senza subire intralci che ne ostacolino il flusso e poter disporre di occupazione nel terziario al fine di incanalarvi lavoratori esclusi dal sistema industriale non solo per la ristrutturazione della chimica. Di qui il disinteresse quando non l'opposizione di Cefis alla riduzione delle aree improduttive, a interventi razionalizzatori nel terziario, nei servizi, nella pubblica amministrazione, anche al fine di non incrinare i tradizionali serbatoi di consenso delle forze di governo detentrici delle leve di controllo dei flussi finanziari fondamentali per le imprese.

Presenza e caratteristiche dello scontro interno al fronte imprenditoriale sono rilevabili in diverse sedi e occasioni, compreso il mondo della carta stampata, con il contrasto tra Agnelli e Cefis per il controllo del «Corriere della Sera», e si percepiscono altresì nell'alternarsi delle decisioni di politica economica a seconda del dislocarsi di settori delle forze politiche a favore di una o dell'altra ala dello schieramento imprenditoriale.

Anche in Confindustria le tensioni tra i grandi imprenditori emergono con forza, non attenuate dall'opera di mediazione del presidente Renato Lombardi, un industriale tessile a capo anche dell'Assonime. La «veneranda istituzione», come efficacemente la descrive Bruno Visentini, resiste alle istanze di rinnovamento fatte proprie da una parte degli industriali e riassunte già nel 1970 dalla commissione Pirelli in una strategia di attacco sui problemi economici e sociali del paese. Se alcune proposte non sono nuove – il richiamo alla figura dell'industriale innovatore, la visione privatistica delle scelte di sviluppo del Sud, la politica dei redditi, l'affidamento all'industria della realizzazione diretta di investimenti pubblici – colpisce l'immagine di una Confindustria non arroccata su posizioni difensive, ma organizzazione agile, capace di affrontare la realtà italiana forte di programmi e soluzioni e tramite un serrato confronto con governo e sindacati. Il tentativo, come emerge dai documenti presentati a Cgil, Cisl e Uil, consiste nel portare la controparte a una discussione sui temi pertinenti il potere politico, in sintonia con le posizioni espresse dagli Agnelli che riprendono una forte e aperta iniziativa in Confindustria. Gianni Agnelli rilascia nel novembre 1972 la nota intervista a Scalfari con l'affermazione della necessità di lottare contro le dilatate posizioni di rendita nella disponibilità ad alcune riforme, mentre Umberto Agnelli riapre le ostilità con un documento critico verso la gestione della confederazione. L'opposizione agli Agnelli e al gruppo di innovatori è diffusa, sorretta dalla burocrazia confindustriale e dai gruppi vicini a Cefis, la posta in gioco è alta, non si lega solo alla conquista dell'egemonia sulla Confindustria, ma all'obiettivo di ridefinire i rapporti tra potere economico e potere politico. Di qui i contrasti sulla nomina del successore di Lombardi. Respinta la candidatura Visentini, sostenuta dalla Fiat, anche Cianci, candidato di Cefis, Monti e Pesenti, viene sconfitto. Agnelli e Pirelli hanno saputo ottenere il sostegno dei vecchi notabili come Costa, contrari all'intromissione indiretta ma pesante di un uomo politico, Fanfani, negli equilibri interni alla confederazione. Si giunge così alla mediazione che porta Gianni Agnelli alla presidenza nell'aprile 1974, con Cefis vicepresidente, ambedue membri, con Pirelli, Visentini e Locatelli, del comitato di presidenza. Per la prima volta nella storia della Confindustria sono i grandi industriali a guidarla, senza delegare ad altri il compito di rappresentarli. Le scelte di Agnelli sono improntate a grande prudenza, si attestano su un atteggiamento nella sostanza favorevole al dialogo con il sindacato e il Pci che si avvicina all'area di governo, in una prospettiva di alleanza neocorporativa dei produttori, che trova in Luciano Lama, leader della Cgil, l'interlocutore più convinto, come anche la politica contrattuale della Confindustria dimostra a partire dall'accordo sul punto unico di contingenza. E quando ad Agnelli succede alla presidenza Guido Carli, non manca il sostegno della Confindustria ai governi Andreotti di «solidarietà nazionale», appoggiati dal Pci tra il 1976 e il 1979, nel contesto di relazioni sindacali meno conflittuali e di una relativa stabilità sociale.

Gli anni settanta si chiudono con l'economia italiana ancora immersa in condizioni di «stagflazione», segnata al tempo stesso da alti tassi di inflazione e di disoccupazione. E tuttavia i segnali allarmanti non devono far da velo ai processi di mutamento, che proprio a partire dalla fine del decennio iniziano a muoversi nel profondo della società e del sistema imprenditoriale.

Il biennio 1979-80 si segnala per una discreta espansione con una consistente ripresa del processo di accumulazione e degli investimenti. Sono le esportazioni a tirare mentre rallenta la domanda interna. In effetti il clima di normalizzazione e di stabilità politica dei due anni precedenti, favorito dal sostegno comunista ai governi, e il parallelo consolidarsi di una linea di moderazione sindacale, esplicitata nel 1977, hanno favorito un relativo assestamento nei conti del paese e una ristrutturazione profonda delle imprese. In tema di recupero di flessibilità e di produttività le imprese ottengono significativi risultati attraverso innovazioni tecnologiche di processo e innovazioni organizzative. Oltre che al decentramento e alla deverticalizzazione produttivi con l'esternalizzazione di alcune lavorazioni, già da tempo in corso, e alla riorganizzazione dei rapporti di fornitura, si ricorre, all'inizio in sordina ma con una crescita sempre più inesorabile, a una riorganizzazione produttiva basata su investimenti tecnologici *labor saving*, centrati sull'automazione progressiva degli impianti dalle conseguenze devastanti sull'occupazione industriale. La Fiat Auto ne offre un'emblematica conferma riducendo i dipendenti da 139.000 a poco più di 78.000 tra il 1979 e il 1987, con un taglio del costo del lavoro sul fatturato dal 27,4 per cento nel 1979 al 19,1 per cento nel 1985, un incremento della produttività da 14 vetture per operaio nel 1979 a 29 nel

1986, e una riduzione dell'indebitamento da 2.351 miliardi nel 1980 (33,7 per cento del fatturato) a 271 miliardi (2,3 per cento) nel 1985.

Non mancano inoltre strategie di dismissione di attività meno vicine al *core business* di impresa, che proseguono negli anni ottanta, come le partecipazioni nei settori bancari e assicurativi per il gruppo Pesenti e per la Montedison, impegnata in varie partecipazioni in settori manifatturieri esterni alla chimica e in alcune partecipate estere chimiche. Anche la Fiat procede al disimpegno da settori marginali rispetto alla produzione automobilistica, si ritira dal settore aeronautico, cede il controllo della Rinascente a Terruzzi e Cabassi e le attività siderurgiche alla pubblica Finsider, pronta al soccorso e ad ampliare impianti già pesantemente sovradimensionati e in perdita.

Tuttavia la scelta imprenditoriale decisiva consiste nell'affrontare e battere in uno scontro frontale il movimento sindacale per sancire la ripresa del controllo sulla forza lavoro e di rapporti di forza favorevoli nelle imprese. Ancora una volta la battaglia finale si combatte alla Fiat e la vittoria di Gianni Agnelli e di Cesare Romiti, ai vertici dell'impresa torinese dal 1974, assume un valore simbolico per tutto il sistema imprenditoriale italiano. Il passaggio decisivo avviene tra il settembre e l'ottobre 1980, quando l'azienda torinese annuncia prima la cassa integrazione di quindici mesi per 24.000 operai del gruppo e poi il licenziamento immediato di 14.000 operai, anche se revocato e trasformato in tre mesi di cassa integrazione per 24.000 lavoratori. Mentre si scatena uno sciopero a oltranza e il blocco delle fabbriche, il 14 ottobre, 30-40.000 tra dirigenti, capisquadra, impiegati e operai Fiat attraversano le strade di Torino chiedendo l'immediata ripresa del lavoro. La vertenza si chiude con circa 23.000 licenziamenti, mascherati dalla cassa integrazione, e la capitolazione del sindacato che registra una sconfitta destinata a pesare negli anni successivi in quanto, mentre sancisce definitivamente la fine di una stagione segnata da un forte potere sindacale, ne apre un'altra caratterizzata da rapporti di forza largamente favorevoli agli imprenditori.

La ripresa di profittabilità delle imprese nella seconda metà degli anni settanta, in Italia anticipata e più intensa rispetto a Francia, Germania e Gran Bretagna, si fonda, oltre che sui processi di ristrutturazione in atto e su mutate relazioni industriali, sul nuovo quadro di compatibilità definito da una politica monetaria restrittiva, che spezza le tradizionali aspettative svalutazioniste degli imprenditori anche tramite l'adesione dell'Italia al Sistema monetario europeo nel 1979. All'interno di un regime di cambi fissi nel rapporto tra le valute europee, pur con margini di oscillazione prefissati, la competitività dei prodotti italiani può essere raggiunta solo con la riduzione dei costi di produzione. La politica economica di governo si rivela altresì decisiva nel sostegno oneroso alle imprese in difficoltà a tutela dei livelli occupazionali. Tramite il Fondo per la riconversione e la ristrutturazione industriale a sostegno di interventi finalizzati di settore, la Gestione e partecipazioni industriali (Gepi), il supporto all'intervento di consorzi bancari in imprese colpite da crisi finanziarie per evitare liquidazioni fallimentari, gli interventi straordinari nel Sud e per le aree depresse del Centro-Nord, l'azione dello Stato finisce per dilatare programmi e criteri di erogazione, dagli esiti non sempre in sintonia con gli obiettivi, in nome anche delle emergenze sociali e produttive via via esplose. Così anche per le varie agevolazioni tributarie, per il trasferimento a carico dello Stato di parte dei costi sociali delle ristrutturazioni tramite la Cassa integrazione guadagni e i prepensionamenti, e per gli interventi delle partecipazioni statali in aziende in crisi.

Anche nel settore pubblico si avviano processi di ristrutturazione, ma con un andamento meno lineare ed efficace e un ritardo di alcuni decisivi anni, a conferma del tradizionale slittamento temporale del pubblico a confronto del privato, che ne rende evidenti sia le motivazioni politiche che il ruolo anticongiunturale affidato a carico del primo e a favore del secondo. L'Iri di Sette, tra il 1979 e il 1982, e soprattutto di Prodi, tra il 1982 e il 1989, l'Eni con a capo Reviglio e l'Efim di Valiani mostrano discrete capacità di rinnovamento, di recupero di efficienza produttiva e di stabilità finanziaria, seppur non diffusi in tutto il variegato sistema. Le interferenze politiche non hanno infatti cessato di giocare un ruolo di condizionamento delle scelte aziendali quando non di freno con arretramenti sulla strada del necessario recupero di ruolo e di ambiti distinti.

Ma un peso decisivo nell'evitare il tracollo del sistema imprenditoriale prima e nel spingerne la ripresa dopo è da ricercarsi nella flessibilità e nella capacità di adattamento al mutare delle condizioni di mercato delle piccole e medie imprese nei settori tradizionali – tessile, abbigliamento, calzature, mobili e legno – come nella meccanica specializzata, nella metallurgia, nella chimica, che registrano tassi di profitto costantemente superiori alla media durante gli anni settanta. La crisi dei settori industriali portanti con forti economie di scala, sia nel triangolo industriale che nel Mezzogiorno, mette in luce per contrasto i meriti dell'industrializzazione diffusa e flessibile in regioni fino ad allora considerate periferiche. Il «modello tosco-emiliano» come caso di sviluppo periferico, dominato da piccole e medie imprese e caratterizzato dall'equilibrio territoriale, dall'assenza di quei forti costi sociali da congestione e da migrazione di massa gravanti sulla grande impresa, e da forti specializzazioni locali in settori a deboli economie di scala, si affianca al caso delle Marche e di alcune aree del Nord-Est nel comporre il profilo della «Terza Italia» industriale, che si avvia a un rapido processo di crescita nel corso dei due decenni successivi.

Il rilancio

1. *Vecchi e nuovi protagonisti. I distretti*

Il sistema imprenditoriale registra notevoli mutamenti nel corso dell'ultimo ventennio del secolo, legati a inediti processi in atto e a nuovi protagonisti che di questi processi si avvalgono per emergere sulla scena dei grandi del capitalismo italiano.

Il contesto è quello di una crescita che, pur tra battute di arresto anche gravi, come nel 1992-93, ha dimensioni di assoluto rilievo, tra le migliori performance delle economie occidentali, con un incremento del Pil in termini reali di poco meno del 50 per cento tra il 1976 e il 1990, sei punti sopra la media della Comunità europea, e un aumento dei consumi delle famiglie di oltre il 60 per cento. A cavallo tra anni ottanta e novanta l'economia italiana ha definitivamente compiuto un cambiamento strutturale avviatosi in forme e dimensioni irreversibili solo meno di trent'anni prima. Con un'incidenza dell'agricoltura ridotta al 5 per cento nella formazione del Pil, una spesa pubblica attestata a oltre il 50 per cento sempre del Pil, un reddito per il 60 per cento derivante dai servizi e molto vicino per valore medio pro capite a quello dei paesi più avanzati a parità di potere d'acquisto, e un tasso di crescita della popolazione quasi azzerato, l'Italia ha costruito il profilo di un'economia di tipo moderno, sostanzialmente in linea con le esperienze internazionali più dinamiche.

Nel corso degli anni ottanta e dei primi anni novanta, nuovi personaggi si affacciano a contendere il primato alle famiglie storiche del capitalismo italiano, legate in un consolidato sistema di alleanze che si distingue per solidità e immutabilità in termini di assetti proprietari e di controllo malgrado i mutamenti tecnologici, economici e sociali tanto profondi da modificare radicalmente i modi di operare delle imprese. Si tratta di imprenditori e manager di grande dinamismo, lontani dagli equilibri tradizionali, pronti a scalare società a tutto campo, anche all'estero, a lanciare offerte di azioni, rapidi nel fare e disfare alleanze, senza vincoli di subalternità ai grandi e consolidati nomi dell'imprenditoria e della finanza nazionale e internazionale. Sono loro, tra successi rapidi e battute di arresto a volte altrettanto repentine, ad animare lo scenario del sistema imprenditoriale italiano e comunque a costringerlo a fare i conti con le dinamiche e le prospettive di un mercato in via di rapida globalizzazione.

È il caso di Carlo De Benedetti, il primo, già a metà degli anni settanta, a capire e cogliere le nuove potenzialità del mercato borsistico, dove opera con spregiudicata rapidità e abile uso di complesse impalcature societarie, di scatole cinesi in grado di consentire il controllo di fatto con pacchetti azionari di minoranza, e impiegando risorse finanziarie proprie relativamente modeste a fronte di quelle ingenti rastrellate sul mercato. Nel 1987, anno che segna il termine del processo di espansione dei grandi gruppi italiani, De Benedetti ha costituito una conglomerata che si colloca al quinto posto per capitalizzazione (7,2 per cento e 17 società quotate) dopo il gruppo Agnelli, l'Iri, le Generali e i Ferruzzi, comprende quote di controllo di imprese importanti nella componentistica per auto, nella meccanica, nell'elettronica – Olivetti –, nell'alimentare – Buitoni –, nella moda – Yves Saint-Laurent – e pacchetti non di controllo in altri gruppi dell'editoria – Mondadori –, della gomma, della chimica, del bancario. Una forte crescita seguita da una fase di declino per la non riuscita scalata alla Société Générale de Belgique, la cessione della Buitoni alla Nestlé e i gravi problemi della Olivetti, ma che vede comunque la conquista e la spartizione della Mondadori a metà con Berlusconi.

Altro nome assurto ai vertici dell'imprenditoria non solo nazionale è quello di Raul Gardini per il gruppo Ferruzzi. Già grande operatore nel commercio internazionale dei cereali, leader italiano in varie produzioni agricole e nei materiali per costruzione, la Ferruzzi guidata da Gardini si colloca tra i grandi produttori mondiali di zucchero. Tra il 1986 e il 1987 Gardini scala la Montedison, ponendo fine all'ascesa di un altro particolare protagonista di quegli anni, Mario Schimberni, un manager posto da Cuccia alla guida del colosso chimico, «privatizzato» con l'ingresso di Agnelli, Pirelli, Bonomi e Orlando, e che ha tentato di farne una public company sganciata dalla tutela delle grandi famiglie tramite la scalata alla BI Invest – la finanziaria dei Bonomi nella coalizione di controllo di Montedison – e alla Fondiaria, la florida società di assicurazioni di Firenze. Con la conquista della Montedison, costata oltre 2.000 miliardi all'epoca, la famiglia Ferruzzi controlla un gruppo di grandi dimensioni, con 80.000 addetti, forte anche a livello internazionale, ma pesantemente indebitato, in grave crisi con il volgere della congiuntura nella chimica. Le diverse operazioni di fusione e di cessione – è il caso della chimica di base all'Eni dopo un breve periodo di gestione comune in Enimont – non consentono di superare difficoltà ormai senza rimedi. Il gruppo Ferruzzi, non più guidato da Gardini estromesso nel 1991, non è in grado di far fronte agli obblighi assunti con i creditori e nel 1993, esclusa la famiglia, il controllo passa a un pool di banche. Nello stesso anno Raul Gardini si suicida, per speculazioni non andate a buon fine e forse anche in relazione alla vicenda della maxitangente pagata ai partiti per l'operazione Enimont, così come accade a Gabriele Cagliari, già presidente dell'Eni. Ma la Ferruzzi Finanziaria, poi Compart, rimane il secondo maggior gruppo italiano a metà anni novanta.

A De Benedetti e Gardini si affianca un altro nome di imprenditore, fino a quel momento conosciuto solo in ambito milanese per le attività edilizie e destinato a un imprevisto successo imprenditoriale e a una controversa vicenda, comunque di assoluto rilievo nella storia della politica e del rapporto tra imprenditori e politica in Italia, Silvio Berlusconi. Forte di sostegni politici di tutto rispetto – come quello di Bettino Craxi, nuovo abile e potente leader del Partito socialista e dominatore della scena politica italiana negli anni ottanta – ma anche dotato di evidente talento imprenditoriale nel cogliere le grandi potenzialità del business televisivo-commerciale abbinato alla pubblicità, dal 1978 e nel giro di pochi anni Berlusconi crea con Fininvest un gruppo che sfrutta il ciclo delle attività di comunicazione, spettacolo e pubblicità televisive e in parte cinematografiche, cui si aggiunge il controllo di importanti società nell'editoria – Mondadori, «Il Giornale», Einaudi –, nella grande distribuzione – Standa ed Euromercato –, nelle assicurazioni e nei prodotti finanziari – Mediolanum –, nell'edilizia, nello sport con il Milan. Attento a non sfidare l'establishment del capitalismo italiano, a non travalicare i confini delle attività in cui è dinamico imprenditore, pronto a rispondere alle chiamate di Mediobanca, si scontra solo con De Benedetti per il controllo della Mondadori.

Accanto a queste poche ma grandi firme della nuova Italia imprenditoriale si affianca – ed è forse l'aspetto più innovativo – una schiera di gruppi dinamici medio-grandi di sicuro interesse, a coprire almeno in parte un tradizionale vuoto nel sistema imprenditoriale italiano. Nel tessile, oltre ad un'antica firma in grande espansione mondiale come i Marzotto, in prima posizione i Benetton – con una spettacolare crescita nel giro di un ventennio e una recente efficace azione di diversificazione nel terziario –, seguiti da Stefanel e Maramotti, tutti presenti con partecipazioni di minoranza nelle assicurazioni e nelle banche Iri privatizzate. Negli elettrodomestici, dove il declino italiano sembrava irreversibile con la cessione di Zanussi alla svedese Electrolux, si affermano invece i gruppi Nocivelli – marchi Ocean e San Giorgio e quarto posto europeo – e Merloni, espressione della «Terza Italia» marchigiana, ma dalle dimensioni multinazionali. Nel settore alimentare la Parmalat dei Tanzi, con soci internazionali di tutto rispetto, da fondi di investimento a investitori istituzionali, e il gruppo Cragnotti, con marchi e produzioni ben noti – Ala, Berna, Polenghi, Sole, Cirio, De Rica – e partecipazioni estere, e ancora il gruppo Cremonini, i Barilla, protagonisti nel 1979 del riacquisto e del rilancio multinazionale dell'impresa di famiglia già ceduta alla conglomerata americana Grace, e i Ferrero, impresa multinazionale della dolciaria. Nella siderurgia, dove la radicale ristrutturazione del settore apre la strada a imprenditori già attivi e dinamici, con varie partecipazioni e iniziative anche all'estero, come i Lucchini, Riva, Marcegaglia, Rocca, Danieli. E un altro caso davvero emblematico di un'esperienza imprenditoriale da «Terza Italia», assurta al rango di maggiore produttore mondiale di montature per occhiali, la bellunese Luxottica di Del Vecchio, quotata a New York e con il controllo della US Shoe attraverso un'Opa lanciata negli Stati Uniti.

E se si scende – ma a volte non di molto – nella scala del fatturato, a sondare il terreno fertile dell'impresa piccolo-media in aree e contesti diversi, non sempre distrettuali, della nuova Italia industriale, non è difficile rinvenire numerosi casi di imprenditori dinamici in rapida espansione e con significative quote del mercato nazionale e spesso mondiale. Scegliendo a campione, tra gli altri, i torinesi Pininfarina, dalle storiche radici nel design e nella produzione di carrozzeria automobilistica, il gruppo Marazzi per le ceramiche, i comaschi Mantero nelle sete, la Uno-A-Erre nella produzione orafa, il gruppo milanese Mapei nel settore dei collanti, la comasca Polti negli elettrodomestici a vapore, i Riello, Natuzzi nella produzione di divani in pelle, quotata a Wall Street, in Puglia, le venete Fashion Box, Diesel, Lotto nell'abbigliamento, con elevate percentuali di produzione all'export, come la Geox, o nei settori più diversi, la Castel Garden – macchine per giardino – la De Longhi nei nuovi elettrodomestici, la Brembo nei sistemi frenanti, la Ima nelle macchine per imballaggio, la Carraro nei trattori e nella componentistica agricola, la Crespi nelle fibre sintetiche, la campana Doria nell'alimentare, Bulgari nell'oreficeria di lusso, la genovese Esaote, uno dei rari casi di azienda italiana attiva nell'*high tech*. Sono solo alcuni tra gli innumerevoli casi di un impossibile lungo elenco, espressi dalla grande vitalità dell'ampio universo di imprese piccolo-medie dinamiche in rapida crescita che costituiscono un decisivo asse portante del sistema imprenditoriale italiano alla fine del secolo.

Ma anche nella fascia delle imprese di piccola dimensione – nel contesto di una selezione innescata negli anni ottanta dalla lira forte, che rende meno facili le esportazioni – la flessibilità, la forte evasione fiscale e previdenziale, l'elevato sfruttamento e autosfruttamento di risorse lavorative e imprenditoriali, l'utilizzo delle nuove tecnologie elettroniche e informatiche, che riducono le economie di scala tecniche e quindi la dimensione ottima minima delle unità produttive, consentono una tenuta e una crescita rilevante. Accanto a imprese marginali, a debole redditività, e a imprese satelliti delle grandi, si fanno strada piccole e medie imprese «interstiziali», che occupano nicchie tecnologiche e segmenti di mercati finali, con grande capacità di innovazione, imitazione e adattamento tecnologico, e imprese «fornitrici specializzate», autonome nei confronti delle grandi, fortemente competitive e talvolta concentrate nei distretti industriali. Nell'ambito di un calo dell'industria manifatturiera sul totale degli occupati dal 37,6 per cento nel 1980 al 32,5 per cento nel 1995, il successo della piccola impresa anche in termini di distribuzione dell'occupazione in Italia è tale da modificare nettamente il profilo di un sistema imprenditoriale pur già fortemente segnato dalle piccole aziende. Ben il 67,9 per cento degli occupati lavora infatti in imprese da 1 a 99 addetti al 1991 (50,6 per cento vent'anni prima), il 19,2 per cento in imprese da 100 a 499 addetti (18,6 per cento nel 1971), e solo il 12,9 per cento in imprese con oltre 500 addetti (contro il 30,8 per cento nel 1971).

E una parte consistente, la più dinamica, di questa nuova realtà imprenditoriale, con quasi 1.700.000 occupati al 1991, si va a collocare nei distretti, 238 censiti sempre al 1991, addensati nelle aree del Nord-Est, in Lombardia, in parti del Piemonte, nel Centro, soprattutto nella fascia adriatica, con qualche presenza al Sud, in particolare in diverse zone della Puglia, in qualche area della Campania e in un caso in Sardegna. Si tratta di sistemi sociali ed economici locali delimitati, fortemente coesi in valori, culture, istituzioni locali, specializzati in produzioni scomponibili in fasi in cui la divisione del lavoro tra un numero elevato di imprese genera economie esterne significative per chi ne fa parte, ma interne al sistema territoriale, in termini di mercato del lavoro, di informazioni e conoscenze tecniche, di servizi all'impresa. A fronte delle difficoltà innescate negli anni ottanta dalle debolezze anche di questo originale e diversificato modello – ritardi tecnologici, insufficiente accumulazione di capitale per l'eccessiva frammentazione delle imprese, deficit di competitività nelle funzioni non direttamente produttive – si innesca una selezione e una competizione, destinate a proseguire, centrate su alcune sostanziali modificazioni. Si va dalla maggiore apertura delle imprese verso l'esterno del distretto – attraverso l'acquisizione di beni strumentali, la subfornitura, le operazioni internazionali di joint ventures, la localizzazione all'estero di impianti, la ricerca di nuovi mercati – alla diversificazione verso segmenti di mercato di gamma alta e verso i servizi avanzati, alla formazione di gruppi di imprese facenti capo a società. Attraverso fusioni, acquisizioni e partecipazioni, motivate da varie ragioni anche fiscali, ma non rispondenti tanto ad obiettivi finanziari quanto di consolidamento delle attività principali, aumentano la concentrazione, la dimensione media, ed emergono nuove imprese leader medio-grandi. Del resto la massiccia diffusione dell'elettronica applicata ai processi produttivi e alle diverse funzioni di impresa e di servizio all'impresa sollecita e facilita la costituzione di sistemi integrati di piccole e medie imprese anche mediante accordi informali.

2. *Famiglie, gruppi, manager. «Tangentopoli»*

I processi di concentrazione e di espansione tramite la costituzione di gruppi attraversano e caratterizzano l'intero sistema imprenditoriale italiano nelle diverse articolazioni settoriali e tipologiche di impresa a partire dalla metà degli anni ottanta, quando la fase di ristrutturazione apre la strada a una consistente espansione.

Alla ripresa del ciclo economico, i vincoli derivanti dal consolidamento del Sistema monetario europeo, in quanto a uso rigido degli strumenti valutari e a crescente attenzione alle compatibilità di bilancio da parte delle autorità di governo, e una politica industriale che tende ad accompagnare e sostenere l'ammodernamento del sistema produttivo – con aiuti pubblici alle imprese pari nel 1986 al 5,66 per cento del Pil contro il 2,17 della Francia e il 2,48 della Germania – spingono in direzione di un recupero nell'utilizzo della capacità produttiva e nella presenza sui mercati interni e internazionali, attraverso strategie di specializzazione settoriale ma anche di diversificazione e ampliamento di attività e produzioni in settori correlati.

La crescita sostenuta di investimenti in partecipazioni azionarie, favorita dall'ampliamento del mercato dei capitali e della borsa, risponde anche a queste esigenze, in sintonia con la creazione di nuovi gruppi di varia dimensione e consistenza. Nei primi anni novanta circa tre quarti di tutte le imprese industriali con oltre 50 occupati appartengono a un gruppo, in circa 180 gruppi si addensano le 250 società quotate e le loro consociate non quotate per un totale di circa 6.500 imprese. Si tratta di gruppi piramidali, dove imprese giuridicamente autonome sono legate da relazioni di controllo a partire da un vertice comune, di strutture organizzative che svolgono funzioni diverse. Possono incentivare il management e agevolare l'ingresso di soci esterni attivi, offrire migliori garanzie patrimoniali ai creditori – garantiti dal patrimonio della singola società giuridicamente autonoma del gruppo verso la quale vantano crediti, senza interferenze con creditori di altre società del gruppo –, ridurre la trasparenza a fini sindacali, finanziari, fiscali, ma soprattutto consentono di separare il controllo dalla proprietà. Tramite la dispersione del capitale azionario degli investitori esterni in diverse società e la concentrazione del capitale del soggetto controllante nella società al vertice, quest'ultimo non perde il controllo mentre attua progetti di crescita tramite capitali di terzi. In assenza di un serio mercato del controllo societario, di un adeguato controllo giudiziario e di forti investitori istituzionali, il gruppo piramidale ha assunto la funzione di leva di crescita, permette che anche in Italia si arrivi alla separazione tra chi investe e chi gestisce capitali necessari per il realizzarsi di un maturo processo di industrializzazione. La novità degli anni ottanta e novanta non risiede nella sua origine – già verificata negli anni del decollo giolittiano – e neppure nel suo utilizzo da parte delle grandi imprese, che ne perfezionano e adeguano le tecniche mentre mantengono forti legami azionari tra gruppi diversi, quanto piuttosto nella sua rapida diffusione a tipologie di imprese di scala ridotta.

La struttura a gruppo che il sistema delle imprese tende in misura crescente ad assumere, salvo a ridurre i livelli delle piramidi societarie per motivi di costo, continua tuttavia a celare e anzi in una certa misura a rafforzare un connotato tipico del capitalismo italiano, il suo radicato profilo familiare a tutti i livelli. I dati forniti al riguardo dalla Banca d'Italia per il 1993 sono emblematici. Su un vasto campione di aziende, in grande maggioranza private, con oltre 50 dipendenti, il controllo risulta assoluto nel 13,8 per cento dei casi, familiare – componenti di un'unica famiglia – nel 32,1 per cento, di coalizione – soci non imparentati o più famiglie affini – nell'11,6 per cento, di gruppo nel 33,3 per cento ma a mascherare spesso il controllo concentrato in un'unica impresa familiare al vertice della piramide. La famiglia rimane comunque centrale anche nel grande capitalismo privato, forte di una concentrazione del capitale delle imprese tra i più alti in Europa e che, come nel caso degli Agnelli, riscopre la società in accomandita per azioni, usata come holding alla quale partecipano i membri della famiglia, al fine di blindare in un vertice familiare il controllo del gruppo. E sempre la famiglia è al centro del dinamismo delle nuove imprese, riproponendo la questione delle potenzialità positive del modello familiare come dei suoi svantaggi, forse corretti adesso da uno spazio crescente concesso al management anche nell'impresa a base familiare strutturata in gruppo.

Negli anni settanta il management aveva vissuto un pesante disagio a fronte delle tensioni conflittuali, della perdita di controllo sul personale subalterno, del terrorismo che aveva mietuto vittime, un disagio sfociato in orientamenti maggioritari di tipo repressivo in tema di gestione della forza lavoro e in una grave crisi di ruolo in stridente contrasto con le ideologie tecnocratiche in voga. Nell'ambito delle rapide trasformazioni e del rilancio dell'impresa negli anni ottanta, il management professionale, se da un lato paga anche in termini di occupazione i costi delle ristrutturazioni, dall'altro sperimenta un recupero di centralità, di funzioni e di autonomia come una risorsa strategica per l'impresa, fattore non secondario del suo successo, in una più flessibile e articolata nuova organizzazione aziendale. Si definiscono parametri meno aleatori per valutarne contenuti e rendimento mentre selezione, formazione e carriera sono curate da strutture aziendali, istituzioni, agenzie di servizio, con tecniche, iniziative e risorse prima quasi inesistenti.

Resta da vedere se e fino a che punto la ripresa di centralità ed efficienza manageriale, che ha contribuito alle migliorate performance dell'impresa privata negli anni ottanta e novanta – e nel caso dell'auto, ad esempio, ha fatto emergere casi emblematici da Romiti a Ghidella a Cantarella –, si sia verificata nelle imprese pubbliche, dove pure nel passato, fino agli anni sessanta, proprio l'autonomia e la centralità del management avevano garantito importanti processi di innovazione. Senza escludere pur significative eccezioni – come in alcune imprese ad alta tecnologia della Finmeccanica e della Stet, dall'elettronica all'aerospaziale, alle telecomunicazioni – la lottizzazione partitica totalitaria degli incarichi, le sollecitazioni continue di finanziamento da parte di partiti, correnti di partito e singoli uomini politici, in un programmato sistema spartitorio di tangenti al cui interno si offrono occasioni di arricchimento illecito ma sostanzioso anche per il management, finiscono per ridurre i criteri di valutazione di efficienza dei manager. Vengono apprezzati non i risultati gestionali, l'efficacia nella realizzazione di coerenti strategie industriali, quanto la fedeltà ai padrini politici, la tempestività ed efficacia nel venire incontro alle loro pretese tanto più esose finanziariamente quanto meno legittimate legalmente. La lottizzazione è funzionale a ricompensare uomini – funzionari di partito e sindacato, parlamentari, sindaci, consiglieri comunali, segretari di capicorrente, galoppini e mediatori d'affari e di politica – che non sembrano offrire le competenze professionali e tecniche per gli incarichi che vanno a occupare secondo una spartizione ferrea, se ai primi anni novanta su 15.728 posti in Iri, Eni ed Efim, il 63 per cento delle poltrone è della Dc, il 20 per cento del Psi, il 5 per cento ciascuno di Pli e Psdi, il 3 per cento del Pri, mentre il rimanente 4 per cento viene assegnato a tecnici.

È un meccanismo che finisce per deformare in profondità se non per annullare una corretta e competitiva allocazione delle risorse umane nell'impresa, che sarebbe meglio garantita in un mercato aperto delle capacità, di fatto scomparso. E proprio in una fase in cui del mercato, del libero dispiegarsi delle sue forze, si tessono sperticati e acritici elogi, in una retorica senza freni entrata anche nel linguaggio dei gruppi dirigenti nazionali e locali dei partiti di governo – la Democrazia cristiana di Andreotti e Forlani ma in particolare il Partito socialista di Craxi e anche frange non secondarie del Partito comunista – che al contrario, proprio sul meccanismo spartitorio delle tangenti legato al riparto delle forniture e degli appalti pubblici e delle operazioni di transazione tra pubblico e privato, costruiscono in realtà una cartellizzazione non sgradita alle stesse imprese coinvolte e distorcono così pesantemente il libero mercato cui inneggiano. E imprenditori e manager, persino i più attenti e professionali – mentre alcuni si lasciano andare a retoriche esaltazioni etiche del mercato quando non ad autocelebrazioni fuor di luogo in una profusione di parole e immagini inedita per il capitalismo italiano – mai denunciano col peso della propria autorità e carisma la «Tangentopoli» di cui sono in realtà conniventi protagonisti. Come con onestà rileva Umberto Agnelli nel 1992, quando peraltro la Fiat non è stata ancora coinvolta dalle inchieste dei magistrati, dichiarando che «tutti siamo un po' responsabili [...] c'è chi paga e chi prende, sono responsabili entrambi». Del resto quando, pochi anni prima, nel 1978, Guido Carli, presidente della Confindustria, ha proposto uno «Statuto per l'impresa» al fine di introdurre «trasparenza dei bilanci, degli assetti azionari, degli aiuti ricevuti in ogni forma da parte dello Stato» e quindi di definire le regole e tramite le regole una deontologia imprenditoriale che nel concreto dei comportamenti avvicinasse impresa ed etica, la risposta della sua giunta di presidenza è stata unanimemente negativa.

E mentre si continua a denunciare motivatamente da parte imprenditoriale la scarsa efficienza del «sistema Italia», proprio il meccanismo perverso in atto è ben lungi dal garantire effetti reali di modernizzazione del sistema e di sostegno a un'economia rinnovata, se non di crescita civile del paese. Nel settore delle opere pubbliche, ad esempio, e senza far richiamo alla grave ingerenza della criminalità organizzata, oltre ai pur consistenti fenomeni di corruzione con saccheggio di pubblico denaro, persino il concepimento, la progettazione e l'esecuzione delle opere sono spesso resi funzionali allo scopo di distribuire illegalmente risorse. Ne consegue che alla collettività – ma a ben vedere allo stesso sistema delle imprese – vengono fornite infrastrutture inutili, o, nel migliore dei casi, di evidente bassa qualità, senza ridurre quindi ma al contrario accrescendo il distacco dal resto dell'Europa occidentale, in nome di un modello giustamente definito di «keynesismo delinquenziale» nell'uso della spesa pubblica.

3. *In politica*

Il rapporto tra imprenditori e politica nell'ultimo ventennio del Novecento si snoda secondo forme e linee diverse e contraddittorie, che offrono la conferma delle diversità anche profonde in ambito imprenditoriale, innescate dalle trasformazioni socioeconomiche territorialmente squilibrate, nel contesto della crisi profonda del sistema di potere esplosa nei primi anni novanta e con tale radicalità da poter determinare una svolta nella storia dell'Italia repubblicana.

Mai nel lungo percorso della moderna industrializzazione del paese avviatosi da oltre un secolo e mezzo il mondo imprenditoriale aveva mostrato un così dinamico, poliedrico e contrastante atteggiarsi protagonistico di fronte ai problemi della società civile, attraverso una molteplicità di attori e di linee di intervento spesso non omogenee.

Se si guarda alla Confindustria, ossia a quella che rimane l'organizzazione di categoria più forte – ma per i piccoli industriali importante è il ruolo delle associazioni artigiane e in minor misura dell'Associazione piccola impresa – si nota come il profondo rinnovamento interno sia legato a presidenze di imprenditori di origini socioterritoriali ed esperienze aziendali nuove, fuori dal tradizionale Gotha delle grandi famiglie, sebbene non in contrapposizione. Merloni, Lucchini, Pininfarina, Abete, Fossa, al di là delle diverse simpatie politiche e non senza oscillazioni, portano la Confindustria a muoversi come soggetto politico autonomo che si misura sui grandi problemi del paese in concertazione con sindacati e governo, si sgancia da legami diretti con i partiti, acquisisce una più solida autorevolezza tra le componenti sociali e istituzionali impegnate ad evitare che il tracollo del ceto politico sotto i colpi delle inchieste della magistratura si trasformi nella Caporetto dell'intera economia e della società italiana. Le vicende di «Tangentopoli» favoriscono un ulteriore, decisivo passo dell'organizzazione degli industriali verso un protagonismo che raggiunge momenti impegnativi e importanti. È il caso degli accordi sindacali sul costo del lavoro del luglio 1992 sollecitati dal governo Amato e soprattutto dell'importante protocollo del luglio 1993 sulle relazioni industriali, sulla politica dei redditi e la concertazione, fortemente voluto dal presidente del Consiglio Carlo Azeglio Ciampi, il più lucido tra i tecnici della Banca d'Italia chiamati a colmare – e con grande capacità e rigore – i vuoti lasciati da un ceto politico screditato.

Tuttavia una parte delle nuove leve di imprenditorialità piccola e in taluni casi media consolida stili di vita, comportamenti, mentalità, destinati a tradursi anche in atteggiamenti politici diffusi, che contraddicono di fatto l'equilibrio consapevole richiesto da un approccio concertato tra le forze organizzate di fronte ai problemi della finanza pubblica e della crisi dei primi anni novanta e alle scelte richieste dal «vincolo esterno», sancito dagli accordi di Maastricht, per il rientro nel Sistema monetario europeo e nella moneta unica. Spinti da un forte desiderio di arricchimento, tenaci e indefessi lavoratori, immersi con tutta la famiglia in un impegno senza soste nell'azienda, numerosi nuovi piccoli rampanti imprenditori, tra i protagonisti del secondo miracolo economico – come viene definito lo sviluppo che porta l'Italia a sopravanzare nel 1987 la Gran Bretagna al quinto posto delle economie più forti per Pil – crescono all'insegna del sommerso e di una vasta evasione fiscale e previdenziale. L'indubbio dinamismo imprenditoriale, le risorse evidenti di inventiva e di adattamento, di risparmio e di investimento, di scelta dei prodotti e delle tecnologie produttive, si sposano sovente a un «liberismo» comportamentale quasi selvaggio, all'insofferenza per qualsiasi vincolo, ad una fedeltà localistica che richiama alla società locale intesa solo come comunità di produttori piuttosto che come cellula armonica di una più ampia ed equilibrata società civile. E forti sono le critiche verso lo Stato burocratico, accentratore, inefficiente, guidato da un ceto politico corrotto, che usa un lessico lontano e incomprensibile, espresso a livello locale da politici, amministratori e funzionari spesso di pari se non maggiore corruzione diffusa. Questi neo *animal spirits* del capitalismo italiano, timorosi di dover perdere posizioni per gli obblighi richiesti dall'ingresso in Europa, si affiancano a commercianti e professionisti e offrono fertile terreno sociale di attecchimento e sostegno quando non di militanza diretta al movimento della Lega Nord di Bossi nelle province settentrionali, in Lombardia a Brescia, Bergamo, Varese, Como, Sondrio, Cremona e Pavia, nel Veneto a Verona e Vicenza, in Piemonte a Vercelli e Cuneo e in alcune aree della Liguria e della Venezia Giulia. È una parte della «Terza Italia» imprenditoriale, corrispondente alle aree di subcultura cattolica, che l'hanno incubata e prodotta. Ne resta fuori una parte altrettanto rilevante di nuova Italia industriale del Centro – tra Emilia, Toscana, Marche – ugualmente sorta nel contesto solidaristico di società locali, ma che non rinnega una sostanziale adesione culturale e politica alle esperienze locali di governo della subcultura socialcomunista. Al contrario di un'altra componente della nuova e vecchia Italia imprenditoriale, che per certi aspetti coincide per mentalità e comportamenti con la componente leghista, ma con un profilo sociale anche grande e medio urbano, più «moderna», moderata e presente altresì nel nuovo terziario para e postindustriale, che si riconosce nell'avventura politica di un grande imprenditore milanese.

Silvio Berlusconi uomo politico, fondatore e leader assoluto di un nuovo partito di massa, Forza Italia, nel 1993, grande vincitore delle elezioni del marzo 1994, e presidente del Consiglio fino al dicembre dello stesso anno, leader dell'opposizione dopo la sconfitta elettorale del 1996 subìta ad opera di un economista già presidente dell'Iri, Romano Prodi, pur nell'eccezionalità della vicenda, rappresenta il primo caso nella storia degli imprenditori nell'Italia unita di un grande imprenditore che si candida alla guida politica del paese e la conquista. Al di là delle evidenti motivazioni legate a interessi personali e di gruppo, e alla sapiente attenzione iniziale prestata al linguaggio e alle proposte al fine di costruire un'immagine popolare, interclassista, familiare, e pertanto tranquillizzante, equilibrata, del nuovo partito e del suo leader attraverso il sapiente uso della comunicazione multimediale, l'efficacia e la credibilità della proposta politica sono rafforzate dall'essere presentata proprio da un nuovo grande imprenditore di successo, quasi che nel disastro del ceto politico e dei partiti tradizionali di governo, solo la figura dell'imprenditore, di un nuovo imprenditore, possa salvare l'Italia. Lo stesso Berlusconi punta esplicitamente su questa carta, sull'essere imprenditore di successo, a garanzia della nuova forza politica e della sua candidatura. Quando il 26 gennaio 1994 appare sugli schermi televisivi e si rivolge agli italiani, annuncia: «L'Italia è il Paese che amo. Qui ho le mie radici, le mie speranze, i miei orizzonti. Qui ho imparato, da mio padre e dalla vita, il mio mestiere di imprenditore. [...] Questo mi ha consentito di realizzare buone cose per me e per i miei familiari [...] Mai come in questo momento l'Italia [...] ha bisogno di persone con la testa sulle spalle e di esperienza consolidata, capaci di darle una mano, di far funzionare lo Stato». L'imprenditore che si è fatto da sé, la famiglia, l'esperienza e l'efficienza, messi al servizio dello Stato, compongono dunque la semplice quanto efficace autorappresentazione – poco importa fino a qual punto veritiera – del nuovo imprenditore italiano, self-made, familista, esperto ed efficiente, e assertore di un totale liberismo, l'altra componente decisiva dell'immagine e del programma di Forza Italia, in sintonia con le nuove leve di imprenditori degli anni ottanta e novanta, presenti numerosi tra gli eletti del nuovo partito nel 1994 e nel 1996. Come nel primo Ottocento, a ben vedere, tra self-helpismo, paternalismo familiare, liberismo, patriottismo, ma il messaggio è efficace adesso, a fine Novecento, veicolato dai mezzi di comunicazione multimediali dell'imprenditore che ne è il più dinamico proprietario su scala nazionale.

4. *La sfida di nuove regole?*

Con i primi anni novanta, anche per sollecitazione del «vincolo esterno» comunitario, che obbliga l'Italia a rinunciare ad alcune specifiche anomalie e ad adeguarsi a normative e pratiche europee, mutano o meglio si definiscono nuove regole del gioco destinate forse a cambiare tradizionali assetti e rapporti tra le istituzioni e le forze in gioco. Certo il profilo del capitalismo italiano, come strutturatosi a partire dalla svolta degli anni trenta con la presenza di una forte componente statale, è destinato ad una rapida trasformazione.

La cornice legislativa e normativa, e gli strumenti operativi necessari a consentire la trasformazione, peraltro soggetta a spinte anche contrastanti, a momenti di accelerazione come a fasi di arretramento, ma ormai irreversibile, sono delineati dall'inizio del decennio.

È il caso delle privatizzazioni. Nel 1992 i vari enti di Stato, assicurazioni e banche pubbliche vengono trasformati in società per azioni e trasferiti al ministero del Tesoro, costretti quindi ad operare al di fuori del controllo dei ministeri dell'Industria e delle Partecipazioni statali, abolito l'anno successivo. Sono decisioni destinate a modificare la mappa del potere nell'arcipelago statale ma soprattutto a preparare e favorire la privatizzazione delle imprese pubbliche che dopo anni di interessate resistenze e modesti risultati sembra adesso avviata con sufficiente decisione. L'approvazione del Cipe al programma di dismissioni del Tesoro, la creazione del comitato ministeriale cui affidare le decisioni operative e del Fondo di ammortamento del debito pubblico per i proventi delle vendite di azioni del Tesoro sono gli ulteriori passi per avviare la «campagna» di privatizzazioni, proseguita con dimensioni imponenti.

Tra il 1992 e il 1995 l'Iri ha ceduto a privati Cementir, Pavesi, Italgel, Tubi ghisa, Cirio Bertolli De Rica, Gs Autogrill, Esaote, Ilva, Italimpianti e, passaggio decisivo, le banche di interesse nazionale, Credito italiano, Commerciale, Banca di Roma, cui si sono aggiunte altre banche di prima grandezza, come la Banca nazionale del lavoro e l'Istituto bancario San Paolo. Di evidente interesse anche le dismissioni dell'Eni quali Agip Argentina, Nuovo Pignone, Miniere, Liquipibigas, Ampl, AgipCoal Usa, Enichem Augusta, Savio tra le altre, mentre la Stet cede Telecom. Le privatizzazioni dirette del Tesoro passano dalla mano pubblica alla privata l'Imi, l'Ina, l'Eni, secondo tranches variamente dislocate per quantità e tempi.

Per le banche – punto strategico di evidente delicatezza – le privatizzazioni sono state aperte dalla «legge Amato» del 1990, che prevede il mantenimento allo Stato del 51 per cento delle azioni, con un ruolo centrale al riguardo delle fondazioni, senza peraltro definirne con chiarezza le competenze. In seguito, mano a mano che le impellenti necessità finanziarie degli ex enti di gestione e di Stato lo richiedono, le privatizzazioni proseguono attraverso l'individuazione di procedure *ad hoc* per i singoli casi. Per Credit e Comit, le due banche dell'Iri, si procede tramite la vendita frazionata per piccole tranches con un limite del 3 per cento al possesso azionario da parte di un singolo soggetto, in modo da evitare concentrazioni di potere economico, anche se in realtà per ambedue gli istituti si crea un nucleo di controllo sotto l'egida di Mediobanca. Nel caso invece di Imi e Ina, cedute direttamente dal Tesoro, all'offerta pubblica di vendita si affianca la cessione diretta di azioni a istituti finanziari, tra l'altro ancora pubblici al momento, per quote più elevate, dal 10 per cento per l'Imi al 5 per cento per l'Ina. In effetti alla strada della public company ad azionariato diffuso e controllo manageriale si è nella sostanza preferita la soluzione di individuare un gruppo stabile di azionisti maggiori in grado di garantire stabilità e gestione forte delle imprese privatizzate, almeno sulla carta.

Tuttavia un'operazione di dismissione di queste proporzioni – pari a oltre 103.000 miliardi di incasso per il Tesoro solo tra il 1994 e il 1998 – ha potuto realizzarsi per l'afflusso consistente anche del piccolo risparmio privato sul mercato borsistico in sintonia con il progressivo calo degli interessi dei titoli di Stato. Una consistente novità per la borsa italiana tradizionalmente trascurata e con un peso marginale nel finanziamento del sistema delle imprese. Anche in questo caso sono stati decisivi alcuni provvedimenti dei primi anni del decennio, fortemente voluti dalla Banca d'Italia, tesi a delineare una cornice meno precaria, a definire regole, pur soggette a necessari aggiustamenti, per un mercato di concorrenza all'insegna della trasparenza e del controllo, definite da vari interventi legislativi sulle società di intermediazione mobiliare, sull'*insider trading*, sulle offerte pubbliche di vendita, sulla sottoscrizione e sull'acquisto e scambio di titoli, sui fondi di investimento e di pensione.

Pur tra contraddizioni, lentezze e numerosi passi ancora da compiere, ma anche forti e interessate resistenze e diffuso scetticismo, e malgrado i rallentamenti proprio durante il breve dicastero del grande imprenditore Berlusconi, per la prima volta dopo vari decenni il ceto politico che governa il paese dopo il disastro fatto emergere da «Tangentopoli» mostra una capacità di guida e di definizione delle regole, una coerenza strategica sostanziale, da essere la vera forza trainante della modernizzazione. La politica riscopre il suo vero ruolo, si vincola a comportamenti e scelte pesanti ma funzionali ad obiettivi definiti tramite il rispetto degli accordi comunitari, è la leva decisiva dell'inaspettato recupero di credibilità internazionale di un paese e di uno Stato altrimenti destinato alla bancarotta. Come conferma la vicenda dell'ingresso della lira nella moneta unica europea, consentito dall'adesione ai duri parametri stabiliti in sede comunitaria, e che molto deve alla tenacia di due *grands commis de l'Etat* come Romano Prodi, già all'Iri, e Carlo Azeglio Ciampi, già alla Banca d'Italia.

È dunque la tanto vituperata politica a lanciare una sfida agli imprenditori e in particolare a quanti, numerosi, hanno al contrario guardato al rigore delle scelte europee con scetticismo, come a un pericolo, privati della carta tante volte giocata della svalutazione.

Una sfida e un'occasione storica, alla fine del millennio.

Bibliografia

Per un necessario quadro generale di cornice delle vicende economiche italiane rimane utile V. Castronovo, *Storia economica d'Italia. Dall'Ottocento ai giorni nostri*, Einaudi, Torino 1994, da affiancarsi alle raccolte di saggi in *Storia dell'economia italiana*, vol. III. *L'età contemporanea: un paese nuovo*, a cura di R. Romano, Einaudi, Torino 1991, e in *Il progresso economico dell'Italia. Permanenze, discontinuità, limiti*, a cura di P. Ciocca, Il Mulino, Bologna 1994. Ma, sempre per una contestualizzazione generale, si consiglia anche V. Zamagni, *Dalla periferia al centro. La seconda rinascita economica dell'Italia 1861-1990*, Il Mulino, Bologna 1990. Altrettanto utile un quadro di storia generale italiana come la *Storia d'Italia*, curata da G. Sabbatucci e V. Vidotto, nei vari volumi editi da Laterza.

Sul tema specifico degli imprenditori, una sorta di problematica guida ragionata alla questione in G. Sapelli, *Economia, tecnologia e direzione d'impresa in Italia*, Einaudi, Torino 1994, ma anche nel breve P. Rugafiori, *Imprenditori e manager*, in *Dizionario storico dell'Italia unita*, a cura di B. Bongiovanni e N. Tranfaglia, Laterza, Roma-Bari 1996, pp. 435-445.

Una presentazione di problemi e una sintesi storiografica in una prospettiva regionale in *L'Italia industriale nelle sue regioni: bilancio storiografico*, a cura di L. Avagliano, ESI, Napoli 1988, che può essere proficuamente integrato dai contributi di autori diversi nei volumi della *Storia d'Italia* edita da Einaudi e dedicata alle *Regioni dall'Unità a oggi*, che tuttavia anticipano l'analisi ai decenni preunitari. Ma si vedano anche i vari contributi in *Le vie dell'industrializzazione europea*, a cura di G.L. Fontana, Il Mulino, Bologna 1997, e in *L'Ottocento economico italiano*, a cura di S. Zaninelli, Monduzzi, Bologna 1993.

Per l'età liberale offre un aggiornato percorso di lettura A.M. Banti, *Storia della borghesia italiana. L'età liberale*, Donzelli, Roma 1996, cui si rinvia per i richiami bibliografici ad aspetti particolari, come anche G. Fiocca, *Storia della Confindustria 1900-1914*, Marsilio, Venezia 1994, e S. Angeli, *Impresa e culture degli interessi nell'Italia giolittiana (1907-1914)*, in «Annali di storia dell'impresa», 5-6, Il Mulino, Bologna 1989-1990, pp. 47-127. Un'interpretazione forte dell'itinerario ideologico in ambienti borghesi in S. Lanaro, *Nazione e lavoro. Saggio sulla cultura borghese in Italia 1870-1925*, Marsilio, Venezia 1979, cui affiancare sul versante della borghesia industriale G. Baglioni, *L'ideologia della borghesia industriale nell'Italia liberale*, Einaudi, Torino 1974, e, con una prospettiva analitica diversa, i vari contributi di G. Are, *Alle origini dell'Italia industriale*, Guida, Napoli 1974, di R.A. Webster, *L'imperialismo industriale italiano. Studio sul prefascismo 1908-1915*, Einaudi, Torino 1974, e, in vari volumi, di A. Confalonieri, *Banca e industria in Italia*, Banca Commerciale Italiana, Milano 1974-1976, 1982, 1994.

Per il delicato rapporto tra stampa e industria va ancora richiamato V. Castronovo, *La stampa italiana dall'Unità al fascismo*, Laterza, Roma-Bari 1973, mentre su aspetti e aree dell'azione imprenditoriale, oltre ai riferimenti in M. Meriggi, *Breve storia dell'Italia settentrionale dall'Ottocento a oggi*, Donzelli, Roma 1996, non mancano studi su casi specifici di rilievo, come G. Berta, *Il governo degli interessi. Industriali, rappresentanza e politica nell'Italia del nord-ovest 1906-1924*, Marsilio, Venezia 1996; *Borghesi e imprenditori a Milano dal-*

l'Unità alla Prima guerra mondiale, a cura di G. Fiocca, Laterza, Roma-Bari 1984; R. Romano, *La modernizzazione periferica. L'Alto milanese e la formazione di una società industriale 1750-1914*, Franco Angeli, Milano 1990; P. Rugafiori, *Ascesa e declino di un sistema imprenditoriale*, in *Storia d'Italia. Le regioni dall'Unità a oggi. La Liguria*, Einaudi, Torino 1994. Il tema dei comportamenti imprenditoriali in materia di nobilitazione emerge invece da G.C. Jocteau, *Nobili e nobiltà nell'Italia unita*, Laterza, Roma-Bari 1997.

Sul rapporto tra industriali e fascismo rimangono essenziali i contributi di P. Melograni, *Gli industriali e Mussolini. Rapporti tra Confindustria e fascismo dal 1919 al 1929*, Longanesi, Milano 1972, e di R. Sarti, *Fascismo e grande industria 1919-1940*, Moizzi, Milano 1977, ma anche il recente R. Petri, *I ceti economici dirigenti tra consenso e crisi di regime*, in *Sulla crisi del regime fascista 1938-1943. La società italiana dal «consenso» alla Resistenza*, a cura di A. Ventura, Marsilio, Venezia 1996.

Essenziali, naturalmente per tutte le varie fasi, le numerose biografie di imprenditori e di imprese, che è impossibile richiamare in questa sede per ovvie ragioni di spazio. Un'attenta bibliografia al riguardo anche in D. Bigazzi, *La storia d'impresa in Italia. Saggio bibliografico: 1980-1987*, Fondazione ASSI, Franco Angeli, Milano 1990. Il rapporto tra impresa pubblica e privata durante e dopo il fascismo in M. Maraffi, *Politica ed economia in Italia. La vicenda dell'impresa pubblica dagli anni trenta agli anni cinquanta*, Il Mulino, Bologna 1990, mentre casi emblematici di manager pubblici e privati in P. Rugafiori, *Imprenditori e manager. Industria e stato in Italia 1850-1990*, Unicopli, Milano 1995.

Per gli anni della Repubblica numerosi riferimenti a casi e comportamenti imprenditoriali, oltre che nelle opere generali già citate, in P. Ginsborg, *Storia d'Italia dal dopoguerra a oggi. Società e politica 1943-1988*, Einaudi, Torino 1989, e Id., *L'Italia del tempo presente. Famiglia, società civile, Stato 1980-1996*, Einaudi, Torino 1998; S. Lanaro, *Storia dell'Italia re-*

pubblicana. Dalla fine della guerra agli anni novanta, Marsilio, Venezia 1992, di cui anche *L'Italia nuova. Identità e sviluppo 1861-1988*, Einaudi, Torino 1988; G. Sapelli, *L'Italia inafferrabile. Conflitti, sviluppo, dissociazione dagli anni cinquanta a oggi*, Marsilio, Venezia 1989. Ma soprattutto, per quadri analitici di ampio respiro, i saggi di G. Mori, G. Bruno, G. Bruno e L. Segreto, in *Storia dell'Italia repubblicana*, voll. I, II, III, Einaudi, Torino 1994-1996, e quelli, vari, raccolti in *Storia del capitalismo italiano dal dopoguerra a oggi*, a cura di F. Barca, Donzelli, Roma 1997, anche per i riferimenti bibliografici specifici più aggiornati.

Il profilo generale del sistema e delle diverse tipologie di imprese e imprenditori come si forma e modifica per dilatazione e progressiva complicazione, emerge da R.J. Pavan, *Strutture e strategie delle imprese italiane*, Il Mulino, Bologna 1973; S. Cingolani, *Le grandi famiglie del capitalismo italiano*, Laterza, Roma-Bari 1990; A. Martinelli, A.M. Chiesi, N. Dalla Chiesa, *I grandi imprenditori italiani. Profilo sociale della classe dirigente economica*, Feltrinelli, Milano 1981.

Nell'ormai sterminato panorama bibliografico di diversa estrazione disciplinare sulla piccola e media impresa fino alle recenti tematiche distrettuali ci si limita a segnalare due contributi: A. Bagnasco, *La costruzione sociale del mercato. Studi sullo sviluppo di piccola impresa in Italia*, Il Mulino, Bologna 1988, e C. Antonelli, G. Balcet, *Piccola impresa come sistema*, Buffetti, Roma 1980. Sull'impresa pubblica una riflessione generale a partire dalla siderurgia in G.L. Osti, *L'industria di Stato dall'ascesa al degrado. Conversazioni con R. Ranieri*, Fondazione ASSI, Il Mulino, Bologna 1993.

L'universo manageriale attende ancora un'analisi di medio-lungo periodo, ma si possono trarre primi significativi riscontri dalla lettura comparata di F. Derossi, *L'illusione tecnocratica. Il potere dei dirigenti nell'industria italiana*, Etas Libri, Milano 1978, e G. Rovati, *Un ritratto dei dirigenti italiani*, Fondazione Giovanni Agnelli, Torino 1991. Sul degrado corruttivo nell'intreccio tra finanza e politica, per un quadro generale si rimanda a S. Turone, *Politica ladra. Storia della corruzione in Italia 1861-1992*, Laterza, Roma-Bari 1992, mentre, per l'analisi di un caso, a C. Stajano, *Un eroe borghese*, Einaudi, Torino 1991, perché la vicenda drammatica dell'avvocato Giorgio Ambrosoli, vittima di questo intreccio, ne è più di altre emblematica.

L'autore

Paride Rugafiori è professore associato di Storia contemporanea presso la facoltà di Scienze politiche e insegna Storia dell'industria nel corso di laurea di Scienze della comunicazione della facoltà di Lettere di Torino. Fra le sue pubblicazioni più recenti: *Perrone. Da Casa Savoia all'Ansaldo* (Torino 1992), *Imprenditori e manager. Industria e Stato in Italia 1850-1990* (Milano 1995).

Indici

Indice dei nomi

Indice del volume

Nella stessa collana

Sociologia

serie diretta da
Paolo Ceri

GIÀ PUBBLICATI

Alberto Martinelli ~ La modernizzazione
Marcello Fedele ~ Come cambiano le amministrazioni pubbliche
Gian Primo Cella ~ Il sindacato

DI PROSSIMA PUBBLICAZIONE

Il razzismo
L'opinione pubblica
Il pluralismo
L'individualismo
I sondaggi di opinione

Economia

serie diretta da
Giorgio Rodano

GIÀ PUBBLICATI

Salvatore Rossi ~ La politica economica italiana 1968-1998
Giorgio Rodano ~ La disoccupazione
Sidney Pollard ~ L'economia internazionale dal 1945 a oggi

DI PROSSIMA PUBBLICAZIONE

La proprietà delle imprese
Il fisco nella società moderna
L'Unione Europea
I mercati finanziari

Religione

serie diretta da
Giovanni Filoramo

GIÀ PUBBLICATI

Enzo Pace - Renzo Guolo ~ I fondamentalismi
Giulio Busi ~ La Qabbalah
Sofia Boesch Gajano ~ La santità

DI PROSSIMA PUBBLICAZIONE

Il sacrificio
Il credo islamico
Il sacro
Lutero

Politica

serie diretta da
Massimo L. Salvadori e Francesco Tuccari

GIÀ PUBBLICATI

Luigi Bonanate ~ La guerra
Edoardo Tortarolo ~ Il laicismo

DI PROSSIMA PUBBLICAZIONE

La nazione
Il realismo politico
L'etica pubblica
Il patriottismo
La cittadinanza
Il fascismo

Storia moderna

serie diretta da
Vincenzo Ferrone e Massimo Firpo

GIÀ PUBBLICATI

Michel Vovelle ~ I giacobini e il giacobinismo
Guido Abbattista ~ La rivoluzione americana
Mario Infelise ~ I libri proibiti

DI PROSSIMA PUBBLICAZIONE

L'Europa di Carlo V
La rivolta di Masaniello
La feudalità in età moderna
Finanze e fiscalità in età moderna

Filosofia

serie diretta da
Tito Magri

GIÀ PUBBLICATI

Maurizio Ferraris ~ L'ermeneutica
Salvatore Veca ~ La filosofia politica
Eva Picardi ~ Le teorie del significato

DI PROSSIMA PUBBLICAZIONE

La coscienza
Filosofia e scienze cognitive
Filosofia e matematica
Credenza e conoscenza

Storia antica

serie diretta da
Andrea Giardina

GIÀ PUBBLICATI

Augusto Fraschetti ~ Augusto
Mario Liverani ~ Uruk, la prima città

DI PROSSIMA PUBBLICAZIONE

Le rivolte giudaiche
Il simposio nel mondo antico
L'alfabetismo nel mondo antico
Marco Aurelio
I giuristi a Roma